东北烈士纪念馆

文|物|的|述|说

主编　刘春杰

副主编　王冬　于文生　闻德锋

黑龙江人民出版社

图书在版编目（CIP）数据

东北烈士纪念馆文物的述说 / 刘春杰主编 .
—哈尔滨：黑龙江人民出版社，2017.9

ISBN 978-7-207-11149-4

Ⅰ . ①东… Ⅱ . ①刘… Ⅲ . ①革命烈士—纪念馆
—历史文物—介绍—哈尔滨 Ⅳ . ① K872.235.1

中国版本图书馆 CIP 数据核字（2017）第 238688 号

责任编辑：李智新
装帧设计：徐媛　博鑫

东北烈士纪念馆文物的述说
主　编　刘春杰

出版发行　　黑龙江人民出版社
地　　址　　哈尔滨市南岗区宣庆小区 1 号楼
邮　　编　　150008
网　　址　　www.longpress.com
电子邮箱　　hljrmcbs@yeah.net
印　　刷　　北京一鑫印务有限责任公司
开　　本　　787×1092　1/16
印　　张　　20
字　　数　　227 千字
版　　次　　2017 年 9 月第 1 版　2020 年 7 月第 2 次印刷
书　　号　　ISBN 978-7-207-11149-4
定　　价　　69.00 元
版权所有　侵权必究　　举报电话：0451-82308054
法律顾问：北京市大成律师事务所哈尔滨分所律师赵学利、赵景波

序言

习近平总书记在"七一"重要讲话中指出："在5000多年文明发展中孕育的中华优秀传统文化，在党和人民伟大斗争中孕育的革命文化和社会主义先进文化，积淀着中华民族最深层的精神追求，代表着中华民族独特的精神标识。"东北大地，物华天宝，历史悠久，文化灿烂，自古以来就是中国北方各族人民繁衍生息的家园，是中华文明孕育形成的摇篮之一。特别是近现代以来，东北人民奋起反抗沙俄、日寇侵略和国民党反动派黑暗统治，积极投身中国特色社会主义建设，无数革命先烈为民族解放、国家富强献出了宝贵生命，谱写了充满苦难与辉煌、曲折与胜利的历史壮歌。

为充分发挥馆藏文物的社会教育作用，深入挖掘文物的思想内涵和时代价值，东北烈士纪念馆利用两年时间，从万余件（套）馆藏文物中遴选出105件（套）具有代表性的珍贵文物，对每件文物进行了详细研究、考证和阐释，编辑出版了《东北烈士纪念馆文物的述说》，采用鲜活的史实描述手法，将文物背后的故事生动"讲述"给读者。

这些文物有清末中俄边界东段"那字碑"界碑、瑷珲军民抗击沙俄侵略军使用过的步枪弹壳，有东北地区中共党组织创建者马骏在狱中使用过的褥子，抗日战争时期杨靖宇在哈尔滨做地下工作时穿的大衫、赵尚志用过的手枪，有解放战争时期朱瑞将军的手枪证、董存瑞荣获的"毛泽东奖章"，有1949年至1954年黑龙江省人民政府印、1955年青年志愿垦荒队誓词、1959年大庆油田第一口油井的喷油嘴等，既反映了东北大地抵抗外来侵略、争取民族解放的艰苦卓绝斗争，又展示了社会主义建设初期龙江人民的艰苦创业历程，凝结着党领导各族人民英勇奋斗、自强不息的革命意志，承载着催人奋进的东北抗联精神、北大荒精神、大庆精神、铁人精神。

党的十八大以来，习近平总书记多次强调，要让收藏在博物馆里的文物、陈列在广阔大地上的遗产、书写在古籍里的文字都活起来。让博物馆文物真正活起来，需要讲清文物背后的历史，用更接地气的方式让博物馆更有亲和力，激活历史文物资源的生命力，让群众更为直观地了解每件藏品背后的故事，感受中华文化魅力，激发爱国主义情怀。《东北烈士纪念馆文物的述说》一书，通过编撰者的生动文笔让丰富的馆藏文物尽可能"出场"说话，以物证史，以物述史，串联起物与物、物与人、人与人之间的内在联系，用文物讲好中国故事、述说东北历史，是让馆藏文物资源走出深阁、发挥广泛影响的创新实践，是彰显中华民族优秀精神、培育和践行社会主义核心价值观的一本生动教材。

希望广大读者能够通过《东北烈士纪念馆文物的述说》一书更全面地了解东北烈士纪念馆，更细致地感知那段令人难忘的历史，激励我们不忘初心、继续前进，鼓舞我们开拓进取、走向振兴。

2017 年 9 月 7 日

目 录

清末中俄边界东段"那字牌"界碑

一级文物

光绪十二年四月立

东北烈士纪念馆保存着一块花岗岩质地的长方形界碑，这块界碑正面印刻"那字牌""光绪十二年四月立"的字样。

这块界碑引领我们走进近代黑龙江地区一段屈辱的历史，将一个已隐于历史、几乎被后人淡忘的近代名人唤出。吴大澂，江苏吴县（今苏州）人，字清卿，号恒轩，历任编修、陕甘学政、左副都御使、广东巡抚、湖南巡抚等职。曾受命帮办吉林防务，督办吉林、三姓、宁古塔、珲春防务，兼屯垦。这块"那字牌"界碑就是他为维护中国领土权益在中俄边界上竖立的界碑之一。

1860年，沙俄政府逼迫清政府签订《北京条约》，把原为中国内河的乌苏里江及兴凯湖至图们江口变成了中俄东段边界。1861年中俄两国勘分东界时，由于中国完全处于不平等的地位，对两国边界的具体走向并没有实际踏勘，只是被迫在沙俄方绘制地图的红线上来划界。而且连《中俄勘分东界约记》文本，也都是沙俄代表一手拟定，清政府代表只能"依照誊写"和依附图画押钤印而已。所有沿江界碑，都埋在沿江的中国领土内。可见，从那时起沙俄就为日后进一步蚕食中国领土设下了陷阱。由于当时埋设的都是木质界牌，几年后有的界牌腐朽，有的被水冲没，残留下来的也已字迹不清。牌与牌之间的距离较远，加上清政府边防力量薄弱，为俄国人入侵造成了可乘之机。

1885年，清政府派熟悉东段边界情况的吴大澂和吉林防务大臣珲春副都统依克唐阿勘查边界，与俄方签订了《中俄珲春东界约》和《中俄查勘两国道路记》，维护了中国的领土权益。

1886年5月22日，吴大澂由珲春启程前往俄国境内的岩杵河会商界务。为了争取主动权，他反复查阅研究《勘分东界约记》，并率员深入边境实地，与俄方人员共同测查，掌握了大量的第一手资料。在谈判过程中，面对沙俄的蛮横狡辩，以及清政府腐朽没落投降势力的阻挠，他据理力争，寸土不让，表现出坚定的维护国家权益的决心，改变了以往谈判时中方被动的局面。最终索回了部分1860年以后被沙俄非法蚕食的领土，确定了中俄东段边界的走向，并立了11座石质界碑，把双方边界线明确下来。"那字牌"界碑原立在小绥芬河源横山会处，光绪三年补立界碑时，由于没有找到原界碑址，将"那字牌"界碑立在了"倭字牌"界碑北1.5公里的山上。双方视察后认为与原约定相差太远，决定双方派员按图查找原界碑。经过十几天的沿界奔走，找到了原立"那字牌"界碑，上部已经腐朽，仅存2尺余。双方决定应将"那字牌"界碑按原约定设立原界碑之处。因当时是雨季，石质界碑拉运困难，先在此处掘地数尺，用碎石建筑台基，留一竖碑之孔，待冬季再将"那字牌"界碑由小绥芬河拉运到横山会处，届时再由两国派员共同监立。并商定从横山会处至珊布图河口做一条直线，节节添设土堆，凡遇高岗阻隔处及来往大道，都设立记号。

清末时期在黑龙江省中俄国界设置有"耶""亦""喀""拉""玛""那""倭""帕"字的8块界碑。后来，"耶""亦""喀"三块界碑丢失。1993年中俄联合勘界委员会会晤商定，旧界碑应在确定边界线走向并竖立新界桩后拆除。经协商，黑龙江省与俄方国界线上的"拉""那""帕"三块界碑由中方处理；"玛""倭"两块界碑由俄方拆除处理。

这些界碑是沙俄侵占中国领土的重要物证，具有深刻的教育意义。如今，我方三块界碑中的"帕字牌"暂由外事部门保存；"拉字牌"仍留在原地；"那字牌"于1995年由时任东北烈士纪念馆副馆长的叶启晓同志与保管部施关悟同志运抵黑龙江省革命博物馆（现东北抗联博物馆）收藏。

（马杰）

瑷珲军民抗击沙俄侵略军使用过的步枪弹壳

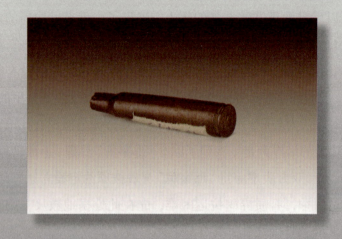

一级文物

长约6厘米，直径0.9厘米

圆头铜壳，壳底凸出，点火帽两边有阳文"吉林"字样

在东北烈士纪念馆的馆藏文物中，有5枚长约6厘米、直径0.9厘米，圆头铜壳，壳底凸出，点火帽两边有阳文"吉林"字样的子弹壳。该弹壳略粗，与近现代弹壳相近，残损有锈蚀。这样的弹壳能把弹丸、发射药和点火帽连成一体，证明我国在19世纪中期已经生产后装枪。

"吉林"二字，是清末吉林机器局的简称。吉林机器局是清末洋务运动时清朝政府在东北设立的第一个官办兵器制造机构。1881年（光绪七年）创立，生产设备从美国进口，1883年开工生产。局址设在吉林城（今吉林市），下设枪厂、子弹厂、火药厂等。所生产的武器弹药拨给吉林、黑龙江两地所编练的新军使用。1900年8月这些工厂被沙俄侵略军毁坏。

1900年（光绪二十六年）7月，沙俄除派兵参加八国联军进占北京外，还单独出兵中国东北地区。沙俄阿穆尔总督格罗德柯夫借用"护路"的名义，要求把在海兰泡的数万俄军经瑷珲、齐齐哈尔，开往哈尔滨，遭到黑龙江将军寿山的严词拒绝。但沙俄无视寿山的照会，分兵数路向我东北地区进发，所到之处烧杀抢掠，并制造了举世震惊的海兰泡和江东六十四屯惨案。黑龙江军民奋起反击，进行了英勇的卡伦山阻击战和瑷珲保卫战。

8月1日深夜，俄军5艘火轮在江面上一字排开。先向黑河屯猛烈轰击，而后几次企图登陆，均被瑷珲军民打退。但此时，另一支数千人的沙俄军队从五道沟偷渡登陆，直插黑河屯瑷珲军民背后。尽管俄军两面夹击，瑷珲军民毫不畏惧，坚守阵地，进行英勇地还击。子弹打光了，就搬起石头砸，抢起大刀拼，打退了俄军的多次进攻。驻守黑河屯的瑷珲军民同敌军鏖战4小时，因寡不敌众，最后撤出阵地。

8月10日，从瑷珲撤退的清军，在瑷珲城西南约40公里的北二龙屯与齐齐哈尔赶来的两营义胜军和几百名义和团战士会合，迅速抢占了屯东匪安岭山头，对尾追而来的俄军进行阻击。清军利用位于驿路转弯处的这座孤山，居高临下向敌人猛烈射击，打得敌人乱作一团，不少军马和大炮陷到泥沼中，迫使俄军不能组织有效的进攻，使得抗战的军民得以稍事休整。张拳师看准时机，率义和团向山下的俄军反复冲击，与俄军短兵相接，造成俄军大乱。最后清军和义和团一起冲下山去把敌军击退。这次战斗打死沙俄军官2人，哥萨克兵15人，伤者无计。匪安岭大捷后，清军为了消灭更多的敌人，后撤到瑷珲城西南120多公里的北大岭。

8月13日上午，尼宁湛波夫指挥的海兰泡方面的各路俄军向北大岭展开进攻。负责进攻北大岭的俄军主力有6个骑兵连和2个野战炮兵连，装备精良。当俄军先头部队进入清军预设的伏击圈时，各路清军及500名鄂伦春马队纷纷开火，枪炮声响成一片，翼长凤翔骑马在弹火纷飞的前线亲自督战。他一边巡视阵地，一边从亲兵手中接过快枪向敌人射击。他在左脚、右臂等多处受伤的情况下，依然指挥着战斗，爱国军民在主帅的行动感召下，英勇反击，迫使俄军败退15公里。

8月16日黎明，溃败的俄军与后援部队在20门重炮的掩护下向疲惫的清军发起进攻，同时另一支俄军趁着天色昏暗从岭北密林中迂回到清军背后偷袭，清军腹背受敌，弹药很快就打光了，于是就与俄军展开白刃战。统领崇玉和义胜军左营管带同时阵亡，官兵损失惨重，被迫撤出战斗，北大岭失守。

这场战斗谱写了近代史上中国人民抗击外来侵略的悲壮史诗，现在该遗址尚存。1976年5月，瑷珲县林业工人在北大岭上发现了该文物，经考证系当年清军在北大岭抗击沙俄侵略军时遗留下来的弹壳。1996年6月经国家文物局专家鉴定组审议，确认为一级文物。

（张矢）

东省特别区市政管理局之印

一级文物

铜质，正方形

在东北烈士纪念馆珍藏着一枚铜质印章，该印为正方形，印面文款为阳刻大篆"东省特别市政管理局之印"，印背右侧阴刻楷书"东省特别市政管理局之印"，左侧阴刻楷书"印铸局造"。它是东省特别区市政管理局成立的标志物。

东省特别区是中华民国的一个特别行政区，位于黑龙江、吉林两省，原为东清铁路附属地区域。俄国在中国修筑东省铁路，名义上是帮助中国抵御日本的侵略，实际上是为了独占东北建立"黄俄罗斯帝国"。沙俄从铁路修建的那一天起，就开始实施这一计划。它首先以筑路为名，大肆圈地、征地，将东起绥芬河，西至满洲里，南至大连（1905 年日俄战争后至长春）铁路沿线两边宽约 11 公里、长约 1607 平方公里的地带，圈为铁路用地，这块地被称为中东铁路附属地，由中东铁路局负责管辖。沙皇赋予中东铁路局局长相当于国内总督的权力。在铁路开工后，为淡化中国人的主权意识，将哈尔滨改为松花江市，将哈尔滨车站改为松花江站，同时向铁路沿线大量移民。1906 年 10 月，沙皇内阁批准由中东铁路公司制定的《东省铁路附属地民政总则大纲》，以租界的形式在铁路沿线及其城镇建立民事机关，成立警察局、法院、邮政局、教育处、地亩处等行政机构。此前，以护路为名，向铁路沿线派驻军队。

为了尽快在哈尔滨地区及中东铁路沿线村镇实现自治，中东铁路局局长霍尔瓦特率先在哈尔滨指使旅哈的俄国侨民开始筹建市公议会，妄图夺取市政权。东三省地方官员目睹俄国人自治风越演越烈，感到事关重大，纷纷上书朝廷，陈明利害。清政府为此照会俄国驻华公使，声明："原拟自治章程，中国万难允任，应即撤销"。而沙俄政府恃强专横，驻华公使甚至密令中东铁路局"不理睬中国的抗议"，声称"俄国人是中东铁路附属地的真正主人"。有了沙俄政府在背后撑腰，中东铁路局更加有恃无恐，强行成立了市公议会及董事会。

1909年4月27日，中俄双方就中东铁路附属地管辖权问题举行多轮磋商，签订了《中俄东省铁路公议会大纲》，得到了俄方"铁路界内首先承认中国主权，不得稍有损失"的承诺。但没过多久，尚未成年的宣统皇帝和大清王朝就退出了历史舞台。这个条约遂成一纸空文，哈尔滨及中东铁路附属地实际上仍为沙俄的殖民地。

　　1917年，俄国十月革命爆发，在哈尔滨以留金为首的"士兵苏维埃委员会"与以霍尔瓦特为首的沙俄残余势力，为争夺路权展开了激烈斗争，附属地内部局面异常混乱。中国政府抓住这一机会，迅速派兵进入哈尔滨市和铁路沿线地区，成立了中东铁路警备司令部和督办公署，为下一步全面收回路权打牢基础。

　　1918年2月，北京政府在哈尔滨设中东铁路督办公署。1919年组建中东铁路护路军。1920年3月，仍然控制中东铁路的霍尔瓦特被赶下台，中国政府逐步收回了一些前俄国在中东铁路附属地内非法侵占的中国主权。同年9月23日，北京政府以大总统命令，停止前沙俄驻华使领馆待遇，并将原中东铁路用地划作"特别"区域。10月，颁布了"东省特别区警察编制大纲"，设立东省特别区警察总管理处，收回了中东铁路界内的司法权和警察权。1921年2月5日，设置了东省特别区市政管理局，宣布接管哈尔滨及中东铁路沿线的市政权。滨江道尹董士恩兼局长，马忠骏为副局长，同日就职，并通告驻哈尔滨各国领事："中东铁路沿线各地市政统一由东省特别区市政管理局所辖"。1921年2月15日，该局接收帝俄在哈尔滨的各机关，改悬中国国旗。

　　东省特别区市政管理局的成立，标志着中国政府从沙俄残余势力手中收回中东铁路沿线市政的主权。这枚印章是中国人民抗争殖民统治取得胜利的重要物证。

（吴向东）

秋林洋行的俄式算盘

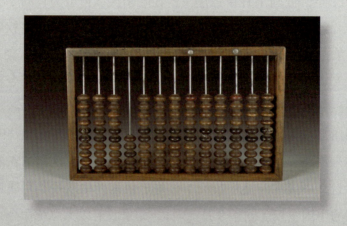

一级文物
长 45 厘米，宽 28 厘米，厚 7.7 厘米
主体木质，棕色

这个俄式算盘是秋林洋行当年普遍使用的计算工具。算盘主体为木质，棕色，竖用。长45厘米，宽28厘米，厚7.7厘米。算盘的4个角包着铜片，在长方形的木框上镶着13个细铁横档，成弧形。每个横档上穿有10个木质算珠，第四横档上为5个算珠。现收藏于中共黑龙江历史纪念馆。

坐落在哈尔滨市东大直街上的秋林公司，是1908年竣工开业的，至今已有百余年历史。

秋林公司原名秋林洋行，是沙皇俄国时期伊尔库茨克城商人伊万·雅阔列维奇·秋林，在1867年与同乡创建的公司设在哈尔滨的商场。他的青年时代，正处于沙俄不断加紧武装侵略觊觎已久的中国黑龙江流域的时期。当时他参加俄国东西伯利亚总督穆拉维约夫率领的勘察队，沿阿穆尔河（黑龙江）下游航行，从赤塔往索菲斯科运送军需物资。在结束勘察队工作之后，于1857年他就到这一带从事经商活动。

1867年，他与同乡合办了伊·雅·秋林公司。当时，公司的商业网点曾遍布俄国远东的大小城镇。随着中东铁路的修建，1900年5月，秋林公司派人到哈尔滨香坊设立跨国分公司。1902年，在道里埠头附近（今中央大街）设立商场。1903年中东铁路全线通车，秋林洋行从各国进口货物，生意兴隆。为扩大经营，秋林公司由香坊迁至秦家岗（即今南岗区）。1904年10月，秋林公司在南岗区东大直街修建二层商场，1908年竣工开业。公司所有办公用具、建筑木材等均由俄国海参崴秋林公司运来，且都有徽标及俄文代号，由俄罗斯工匠精心制作。20世纪初的秋林洋行是一幢了不起的宏伟建筑，虽在众多建筑艺术经典中略显微不足道，但整体艺术造型具有典型的"巴洛克"风格，古朴优美，受到各界瞩目。日俄战争之后，随着清政府应准开放哈尔滨商埠，欧美列国资本家、银行家和宗教文化人士纷至沓来。一个资本主义殖民地社会的高消费阶层日益膨胀，于是秋林洋行突出了高档商品的经营，与欧美市场结成姻缘，风潮流行商品成为秋林洋行的主流，橱窗展示有英国与波兰的呢绒毛料，美国的食品和裘皮大衣，法国的白兰地酒、香水等化妆品及驰名国际市场的名贵百货，搜罗备至，洋味十足。随着消费量的剧增，秋林公司在东北86个城镇设立了连锁店，被称为"百货大王"。秋林洋行于1910、1915年先后两次沿建筑两翼扩建，1927年第三次扩建形成环绕大直街、果戈里大街及阿什河街长达173米的大型商场。十月革命后，秋林公司将总部迁至哈尔滨。

秋林公司的商办工业具有悠久历史，建立伊始即开办茶叶加工厂，随后又开办卷烟厂、葡萄酒厂、灌肠厂、油漆颜料厂、肥皂化妆品厂等许多生产生活资料工厂。进入20世纪20年代后，随着城市经济的发展，秋林公司又开办机械工厂和各种维修配件安装公司，生产发动机、农机具以及肥料等生产资料。

秋林洋行的经营，商业与工业并重。前店后厂所生产的食品是沿用欧洲的传统技术工艺，使用中国地产原料制造的，产品质量堪与欧洲媲美，曾多次获伦敦、罗马等出口商品展览会的优质产品金质奖牌。因产品久负盛名，为秋林公司赢得了广阔市场，攫取了可观利润。如今秋林面包、红肠仍然闻名遐迩，成为哈尔滨旅游业的一张名片。

1953年，秋林洋行由我国政府从苏联政府有偿接收经营，正式成立中国国营秋林公司。随着俄方员工的离去，俄式算盘结束了它的历史使命，告别了营业柜台。这个俄式算盘，是秋林公司百年历史的见证物。1996年3月，秋林公司股票在上海证券交易所挂牌上市。秋林公司为活跃黑龙江的经济做出了贡献。

（于文生）

英商老巴夺父子烟公司的铜厂牌

一级文物

横 76.4 厘米，纵 11 厘米，厚 0.5 厘米英商老巴夺父子烟公司的铜厂牌，是 1959 年由黑龙江省博物馆从哈尔滨卷烟厂征集所得。1986 年，拨交黑龙江省革命博物馆（现东北抗联博物馆）收藏至今。

这块厂牌是用黄铜板手工刻制而成，上有阳刻的楷体中文"英商老巴夺父子烟公司"及英文"A.LOPATO SONS LIMITED"等字样。横 76.4 厘米，纵 11 厘米，厚 0.5 厘米，呈长方形。除字迹表面油漆有脱落外，整体完好。1996 年 6 月，被定为一级文物。

英商老巴夺父子烟公司始建于 1902 年，是现哈尔滨卷烟厂的前身，是中国卷烟行业建厂最早、历史最悠久的老厂之一。19 世纪末，随着中东铁路的修建和通车，大批沙俄商人涌入哈尔滨经商办厂。1889 年，波兰籍犹太人伊利奥·阿罗维奇·老巴夺和他的弟弟阿勃拉·阿罗维奇·老巴夺来到哈尔滨。他们发现外籍员工有吸食木斯斗克（烟斗）及大白杆烟的嗜好，而哈尔滨的市场上又无制烟厂家，认为未来烟草行业乃是生财之道，于是从俄国亚斯莫罗维、米萨格苏等烟厂购进大批烟丝和大白杆烟，雇用中国工人每天走街串巷贩卖烟丝和大白杆烟。由于哈尔滨刚刚开发，没有像样的烟卷和烟丝，老巴夺采取低价收购，高价出售成品的办法，很快就赚了一大笔钱，于 1902 年在埠头区中国大街（今道里区中央大街）开办了一座手工作坊，雇了七八个中国工人切烟丝，手工制造俄式大白杆烟及卷烟。从 1902 年到 1904 年间，老巴夺制烟作坊不断扩大，添置设备，增加人员，提高产量，小作坊得到突飞猛进的发展。到 1909 年，变手工操作为机制卷烟，并成立"A. 老巴夺父子烟草公司"，利用中国廉价的劳动力赚取了高额的利润。

1914 年，由于资金周转困难，老巴夺与"英美烟草公司"合作，更名为"英商老巴夺父子烟公司"。不久，英美烟草公司控制了老巴夺烟厂的 80% 股份，总办换上英国人阿克曼。1920 年，英美烟草公司决定扩建该公司，在哈尔滨选定新厂址动工兴建，1922年建成四层楼的厂房，有职工千余人，年产卷烟一万余箱。产品不仅供应东北三省，而且还销往俄远东等地。此时的"英商老巴夺父子烟公司"是东北三省唯一拥有先进机械的大型卷烟厂。

1930年，老巴夺的经营权全部落到英美烟草公司手中，英美烟商从中攫取了巨额财富。老巴夺兄弟见大势已去，便携带在中国赚取的财富去了法国。老巴夺长子M.E.老巴夺留哈继续经营。

1932年，随着哈尔滨的沦陷，老巴夺父子烟公司逐步落入日本人手中。1938年，"老巴夺株式会社"注册成立，后改名为"满洲中央烟草株式会社"。1945年8月日本败降后，老巴夺的儿子又回到烟厂当上了总办，并恢复"老巴夺父子烟公司"原名。老巴夺烟厂虽几经易手，但都是掠夺中国资源财富、欺压中国人民、剥削中国工人血汗的场所。

1950年，老巴夺父子烟公司为我国人民政府接管。1952年4月，上海烟草公司与老巴夺父子烟公司达成协议，将老巴夺财产转给上海烟草公司，哈尔滨市人民政府正式接管老巴夺父子烟公司，后改名为"国营哈尔滨卷烟厂"。

中华人民共和国成立后，老巴夺烟厂获得了新生，特别是改革开放以后，恢复老牌号，开发新品种，其中灵芝、侯爵、老巴夺牌号，代表了国内20世纪90年代的卷烟水平。

这块厂牌是哈尔滨卷烟厂历史沿革的重要物证，也见证了哈尔滨市工业发展的历史。

（赵明寰）

同记商场的营业许可执照

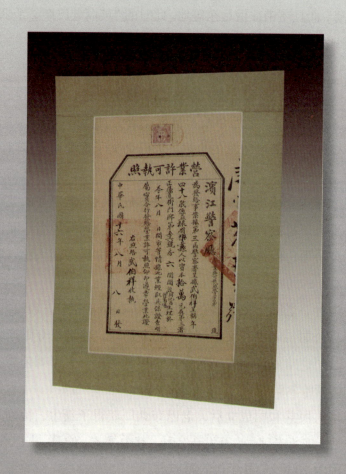

一级文物
长 30 厘米，宽 19 厘米，纸质
1927 年滨江省警察厅签发

同记商场的这张营业许可执照长 30 厘米，宽 19 厘米。执照有文武线边框，文本楷体字，黑色油墨印刷，毛笔填写，盖有"滨江省警察厅"红色方印，正上方贴有一枚红色的印花税票。它是 1927 年（中华民国十六年八月八日）由当时的滨江省警察厅签发的。现保存良好。

同记商场是哈尔滨著名的"老字号"企业之一，是由武百祥创立的。武百祥，生于 1878 年，河北乐亭县人。1902 年到哈尔滨，在街头摆摊卖些日用小商品。1903 年，武百祥在哈尔滨道外唯一的一条热闹大街——南大街（即南头道街）路西开设了一家小杂货铺，名字叫"仝记"，后改为"同记"。由于经营得法，生意一帆风顺，获利年年倍增。1906 年，成立了制帽作坊。1913 年，"同记"改为总号，并在齐齐哈尔、巴彦等市、县设分店。1919 年欧战结束后，哈尔滨成为各国商家的竞争之地。同记为了站稳脚跟，于 1920 年初以巨款在道外北大街购买了一处街基，开始建筑哈尔滨最新型的四层大楼，取名"大罗新环球货店"，并于同年 10 月 10 日正式开业。大罗新环球货店开业后，成为全国十大环球货店之一。

1926 年，武百祥经过考察和深思熟虑，在道外繁华中心正阳四道街（今靖宇街）购置门市 1000 余平方米。经过一年的改造，1927 年，同记商场开业。同记商场的匾额是武百祥花费重金请上海著名书法家天台山农书写的。匾额红地金字，四框涂有金边，每字高 2.2 米、宽 2 米。匾额下两侧镶嵌一副楹联："采办环球货物，搜罗国内产品"，与匾额相映生辉。从比利时定制的特大玻璃，镶在正门两侧的橱窗上。这个橱窗高 4.7 米、宽 7.4 米，是当时全国最大的橱窗。商场大楼采用剧院式格局、架空式建筑，宏伟壮观。

以大罗新环球货店开业为起点，以同记商场诞生为标志，哈尔滨乃至东北三省的民族商业走向一个新纪元。后来佳木斯的"公利源"、长春的"振兴和"都是以同记商场为蓝本建造的。佳木斯的"公利源"还以高薪从同记商场聘请有经验的人员加强各部门的管理。当时的商界名流吴子青曾这样说:"傅家甸大街的兴盛与发展,盖由同记发轫。"

哈尔滨同记事业的成功,是武百祥善于汲取教训、应用经验的结果。他把经验、教训积累起来,写出《大罗新政策》一书,主张商业信誉、道德是取胜的资本,必须树立顾客为本的思想,规定"货真、价平、优待、快感"四条店规,还把"利顾客"与"利公司,利劳资,利同业"一同作为经营的原则。

东北沦陷时期,同记商场与整个民族商业一起,饱受日本侵略者的蹂躏和搜刮,到哈尔滨光复前夕,武百祥创办的大型工商联营企业已经奄奄一息了。1955 年 12 月 1 日,同记商场与哈尔滨市百货公司实行公私合营。"文革"期间,同记商场又被"人民商店"取代,1981 年恢复同记商场原名。1983 年,老同记被夷为平地,在原址重新翻建,当时它与南岗秋林、道里哈一百形成了三足鼎立的局面。1987 年,同记商场在哈尔滨率先成立股份有限公司。1992 年,年销售额达 7600 万元,实现纯利润 300 万元。1993 年至 1995 年,全国掀起一股国有商业企业的改造、建设热潮,同记又着手建设第三期改造工程,因此背上了巨大的债务包袱,并开始走下坡路。1999 年,同记商场由中央红集团股份有限公司代管。2008 年 7 月 21 日,中央红集团股份有限公司退出,7 月 20 日,同记商场正式关门。

同记商场是哈尔滨市开业最早、经营规模较大的一家华资商场,在哈尔滨市的商业发展史上具有特殊的地位和影响。这张营业许可执照是研究同记商场的历史变迁及哈尔滨商业发展史的珍贵资料。1959 年,黑龙江省博物馆从武百祥处征集到此物,1996 年被定为一级文物,现收藏于东北抗联博物馆。 (张安)

李兆麟读书时用过的书箱门板

二级文物

横 28 厘米，纵 21 厘米

木质，重 360 克

这两块门板各横 28 厘米、纵 21 厘米，木质，重 360 克，上面分别刻着"运思出奇""横扫千军"几个大字，现为二级文物，是著名的东北抗日联军将领李兆麟将军青少年时使用过的书箱的门板。

李兆麟 1910 年 11 月 2 日出生于奉天府辽阳州小荣官屯（今辽宁省灯塔市铧子乡后屯），本名李超兰。1934 年至 1945 年，他化名张寿篯，在北满地区率领抗日健儿进行了艰苦卓绝的武装抗日斗争。抗战胜利后，他随苏联红军进占哈尔滨，以李兆麟的名字担任滨江省委副省长及中苏友好协会会长。

李兆麟的青少年时期正值中华民国初期，军阀混战，人民大众在苦难中挣扎，中华民族乃至整个世界都处于剧烈动荡和变革之中。在这样的时代背景下，李兆麟艰难求索，探究真理，从一个忧国忧民的进步青年，逐步成长为一名共产主义先锋战士。这是一代热血青年披荆斩棘，探索救国救民道路的缩影。

1916 年，刚满 6 岁的李兆麟入本村私塾读书，接受启蒙教育。1920 年春，他考入辽阳县立吕方寺高级小学校第十五级学习。他深知考入高小不容易，因此，学习非常用功。少年时期的李兆麟好奇心强，求知欲高，为学专心致志，善于学习。与同龄少年相比，他兴趣广泛，见什么学什么，学什么会什么。在同学中，他是多才多艺的人，绘画、书法、吹箫、写对子，样样皆会，乡亲们亲切地称他为"小秀才"。

李兆麟对上古时期大禹领导民众疏通江河，兴修沟渠，发展农业，为民谋利，三过家门而不入的作为十分敬佩，他精心绘制了一幅大禹治水事迹图，决心以大禹为楷模，将来为百姓做有益之事。

1925 年的五卅运动对李兆麟的影响较大，使他受到革命思想的启迪，广大民众、学生的爱国热情也深深地感染了他。1928 年皇姑屯事件中，日本关东军炸死了东北奉系将领张作霖，企图逼迫奉军成为日本侵略中国东北的驯服工具。面对日本侵略者咄咄逼人的嚣张气焰，东北民众义愤填膺，李兆麟也暗暗立下了抗日救国的决心。

李兆麟从小就爱好读书，他有一个木制的安装有两扇小门的书箱，这是他的心爱之物，里面放满他看过的书。为了表达自己的心志，李兆麟用一把小刀在书箱的两扇小门上刻下了"运思出奇""横扫千军"八个大字。"运思出奇"是讲运筹帷幄，决胜千里；"横扫千军"是将敌人像拿扫帚扫地上的灰尘一样扫除干净。李兆麟在自己的书箱门上刻上这八个大字，就是鞭策自己要努力学习，掌握本领，能够做到运筹帷幄，决胜千里，扫荡日本侵略者。

东北沦陷时期，李兆麟率领抗联官兵在北满广阔的山野上，于枪林弹雨之中与日本侵略者往来冲杀，不畏艰难困苦，不惜流血牺牲，成为著名的东北抗日将领、抗日民族英雄，印证了他青少年时期"运思出奇""横扫千军"的远大志向。

（李威球）

李兆麟读书时用过的书箱门板

杨靖宇少年时代的作文《战区灾民生还时之感想》

一级文物

横 31 厘米，纵 27 厘米

纸质，重 21 克

该文物为两张纸质文物，经过装裱，纸张泛黄。横 31 厘米，纵 27 厘米，重 21 克。作文用毛笔书写，字体工整，全文共 480 余字。文中有 9 处画圈勾画处，保存完好。

杨靖宇这篇作文写于 1923 年秋天，当时他在开封市河南省立第一工业学校读书。由于辛亥革命的胜利果实被袁世凯窃取，中国大地卷起了军阀混战之风。代表大地主买办资产阶级利益的军阀官僚争相占有大量土地，操纵并垄断财政金融。为强化势力，不断扩军，无止境增加捐税，致使民不聊生，中华民族处于危难之中。

1923 年暑期，杨靖宇以优异成绩考入河南省立第一工业学校。其入学考试命题作文《劳工神圣论》，立论得当，论理充分，深受学校老师的赞赏。

河南省立第一工业学校的校址在河南省开封市北道门，这所专业学校分为初级班和高级班两个阶段，学制各为三年。初级班为普通中学，高级班分纺织、印染两个专业。因此，也称纺织印染工业学校。杨靖宇是该校初级班学生。他之所以报考这个学校，正如他自己所说："是为了给世世代代穿不暖、过着苦日子的中国同胞做漂亮衣服穿。"

在开封学府，杨靖宇刻苦学习专业知识，以期奠定来日实现理想的基础。杨靖宇从进步教师李清庵、贺光吾（中共党员）、刘梦真那里，接触到更多的新知识、新思想，他如饥似渴地阅读中国共产党的《向导》《新青年》等杂志，初步接触了马克思主义，更加痛恨反动政府卖国残民的罪行。入学不久，正值直系军阀头子曹锟贿选总统、第二次直奉战争爆发，中原大地又一次沦为军阀争权夺利的战场，中原人民又一次遭受兵匪蹂躏。面对此情此景，杨靖宇怒不可遏，挥笔撰文《战区灾民生还时之感想》。文中记述一位老人在军阀混战中家乡惨遭蹂躏、本人沦为乞丐的不幸遭遇，引发出忧国忧民的无限感慨：

　　偶见一老翁，髯须俱白，面似魍魉，身披褐衾，足跣而行，若呆若迷。从而问之，俯首不答，又问之，凝目泪下曰："吾祖仕官，九世同居，金积堆山，地连阡陌，以为终身万无冻馁矣。自辛亥义兵崛起，改造共和，更以为荣乐，不意荣乐之地，顿为战区，蕴蓄金银，输充军需。延及今日，房屋被焚，地无立锥，族家兄弟苗裔，摧残净尽，渺渺一躯，落为乞丐，聊以度日。"余闻之后，不禁懔然生悲。夫专制时代，赏戮由一人之喜悦怒，一言之失，祸连诸族，即足惨矣。自共和成立以来，彰然脱离专制痛苦，向自由发展之域，以与历史争光，竟国贼盘居要津，呫嗫图谋，攫取人民血汗之金钱，供一己糜费。开舣法贿选之后径，作狼狈为奸之先河。既无爱国观念，复刍狗人民，愚昧世界潮流，以致全国骚然。尤不知足，反无故开衅，假借共和之面具，作盗跖之行为，使烽火连天，战声交耳，穷兵黩武之风，莫此为甚。廻想为国乎？为同胞乎？靡不离心背德，图私营利，干戈叠起，金融大绌，押都借款，使万民感受其荼苦，虽有南江南山竹之，海冤亦莫可诉噫。呜呼！是翁何辜，至耄耋，尚遭兵祸切肤之忧，又加旱涝不均，盗贼蜂起，若战争长此不息，则中国土崩瓦解之祸不远矣。

　　这篇作文，充分反映了杨靖宇当时的革命思想。文章通过遇见衣衫褴褛、赤足流浪老翁的事情，揭露了军阀混战给人民群众带来的灾难，对苦难的劳苦大众寄予无限的同情，表达了少年杨靖宇对中华民族前途的担忧。

　　此文物对研究杨靖宇学生时期的革命思想具有一定文献价值，是 1952 年东北烈士纪念馆研究人员访问杨靖宇家乡时征集所得，后入馆收藏。1986 年被鉴定为一级文物。

（刘春杰）

任国桢使用的办公桌

二级文物
长 109 厘米，宽 66 厘米，高 75 厘米
木质，重 35 千克

这是一张"一头沉"式样的办公桌，长109厘米，宽66厘米，高75厘米，木质，重35千克，棕黑色，右侧上下共有四个小抽屉，左、右侧中间连着一个大横抽屉，桌面贴着一张黑皮革。

这张普通的办公桌记载着任国桢不同寻常的革命生涯。

任国桢原名任鸿锡，字子卿，又作子清，曾用名任国藩，化名刘子厚。1898年12月23日生于辽宁省安东县（今丹东市）帽盔山下的一个农民家庭。8岁入私塾馆读书。在这里，他受到进步老师的影响，不仅在学业上有独到见解，且在内心深处埋下了爱国爱民的种子。

1918年秋，任国桢考入北京大学俄文系学习。在这里，他开始阅读《新青年》等进步刊物，聆听蔡元培、陈独秀、李大钊等具有新思想的学者的演讲，接触到民主、科学等概念，思想观念受到极大的触动与冲击。1919年，任国桢积极投身于反帝反封建的五四爱国运动，讲演、游行或到总统府请愿，阵阵当先。五四运动以后，任国桢阅读了大量马列主义著作，树立了共产主义信仰。1924年，他加入中国共产党，成为一个坚定的马克思主义者。

1925年5月，为加强东北地区的工作，任国桢被中共北方区委派往东北重镇奉天（今沈阳）。经过不懈地努力，同年秋中共奉天第一个支部成立。不久，任国桢被派到哈尔滨，以编辑《东北早报》为掩护，开展党的地下工作。他还参加了"中华民族自决会"和"反宗教同盟会"，利用这样公开或半公开的具有进步倾向的组织，发动、联络群众开展反军阀和反帝国主义的斗争。

11月，第二次直奉战争正酣，奉军爱国将领郭松龄在前线倒戈反奉，得到第一次合作中的国民党和共产党的支持。任国桢按照我党的指示，为策应郭松龄反奉，奔波于哈尔滨、奉天之间，进行宣传和募捐活动。由于日本帝国主义的干涉，郭松龄部失败。任国桢因在《东北早报》发表过郭松龄倒戈的消息而入狱。出狱后，他身体十分虚弱，衣服也破烂不堪，但革命意志更加旺盛，奉命复任奉天市党支部书记。

1928年底，任国桢又被中共满洲省委派往哈尔滨工作，改组了哈尔滨市委，任书记。领导哈尔滨各界民众举行反对日本在东北修筑"五路"的示威游行。后来，由于工作需要，任国桢被调到中共满洲省委工作，任中共满洲省委常委，主持省委日常工作。

1931年，党中央又把任国桢派到唐山，任市委书记。后因唐山地方党组织遭到破坏，任国桢又被派回北平。

九一八事变后，为了恢复和整顿山西的党组织，组织群众开展抗日活动，任国桢被任命为中共河北省委驻山西特派员。10月21日，任国桢因叛徒出卖被捕，坚贞不屈。11月13日，任国桢牺牲于山西省太原市小东门外，年仅33岁。

1956年，山西省委和太原市政府在太原市名胜古迹双塔寺建立革命烈士陵园，将任国桢的遗骨安葬于此。"慷慨捐躯求人类解放，从容就义争世界和平"，这正是任国桢烈士内心的写照。带着这种"求人类解放""争世界和平"的理想和信念，任国桢在祖国的大江南北留下了他那开拓者坚实的足迹，他事业的丰碑将永远矗立在神州大地！

1948年10月，该文物入藏于东北烈士纪念馆。

（李威球）

马骏在狱中使用的褥子

二级文物

长 168 厘米，宽 65 厘米

棉麻纤维质地，重 2 千克

这条长 168 厘米、宽 65 厘米的棉褥子在岁月的侵蚀下已经看不出它本来的颜色，变得灰黄斑驳，白色纱布包裹的棉花破旧不堪，纱布上大小不等的补丁也已辨别不出形状，一块摞着一块。这一切无不昭示着它曾陪伴着主人在牢狱中度过的艰苦时光。它的主人就是五四运动杰出的青年领袖之一——马骏。

马骏 1895 年 10 月 29 日出生在吉林省（现黑龙江省）宁安县城一个富裕的回族家庭，1912 年离开家乡到吉林一中就读。他聪明好学、热爱读书、思想进步、关心国家大事。1915 年马骏考入天津私立南开学校，并结识学长周恩来。由于理想、志趣相投，两人很快成为挚友。因为他出色的组织领导能力、坚定的革命信念和大无畏的牺牲精神，导致他曾经三次被敌人关进监狱。

马骏的第一次入狱是在 1919 年。五四运动爆发后，为营救在声援山东惨案中被拘禁的请愿代表，马骏被京津学生代表公推为学生运动的总指挥，率领天津、北京、济南、烟台等地 5000 多人，在天安门前举行了学生请愿大示威。在马骏的指挥下，请愿学生组成"天安村"，从生活、卫生、宣传等各方面都做出了周密的安排，铜墙铁壁般团结在一起，进退有节，行动一致，斗争持续了 3 天。反动当局十分畏惧，发现是由于马骏的指挥才使得请愿队伍团结得如此坚不可摧，便下令逮捕马骏。由于大家的保护，军警多次搜捕，毫无所获，进而恼羞成怒，竟以皮鞭、枪托殴打学生，逼迫学生们交出马骏。马骏挺身而出高喊："你们不要打人，我就是马骏！"敌人一拥而上，马骏被捕的消息传出去，天津学生上街示威游行以示抗议。北京、天津、济南、烟台等各地各界联合会，通电全国学联，反动当局被迫于 8 月 30 日将马骏等代表全部释放。

马骏的第二次入狱是在 1920 年。1 月 23 日，在天津东门里魁发成洋货庄，调查日货的学生遭到日本浪人的殴打。天津国民大会委员会召开紧急会议，推举马骏等人为代表，前往直隶省公署请愿。24 日，天津警察厅命警察殴打并逮捕了马骏等青年代表。经过狱中难友们的坚决斗争和全国人民的积极声援，反动当局被迫于 7 月中旬释放了全体被捕代表。

经过革命风暴的洗礼和锤炼，马骏很快成熟起来，1920 年马骏加入中国社会主义青年团，而后加入中国共产党，成为整个东北地区最早从事革命活动的共产党员之一。1922 年，他在家乡宁安建立起吉林第一个党小组，也是东北地区第一个党小组。他是东北地区党组织的创始人之一。

1927 年四一二反革命政变后，马骏奉调回到白色恐怖笼罩下的北京。奉系军阀得知他回京工作的消息后，布下暗探和军警，日夜搜寻他的下落。马骏置个人安危于不顾，在极端困难和危险的情况下积极活动，使党组织很快得到恢复和发展。1927 年 12 月 3 日，由于叛徒的出卖，马骏第三次被捕。

马骏是党在北京地区的主要负责人之一。敌人为了从他口中获得党组织的机密，使用了各种惨无人道的酷刑和精神折磨。马骏从容自若、坚贞不屈，没有泄露一丝党的机密。敌人最后实在没有办法，对马骏说："只要你不承认自己是共产党员，今后不再干共产党的事，我们就可以放你出去。"马骏怒斥道："我过去是共产党员，现在是共产党员，今后永远是共产党员。"

1928 年 2 月 15 日，马骏被敌人押赴刑场，英勇就义。时年仅 33 岁。

这条褥子陪伴马骏度过艰苦的狱中生活，见证了他英勇不屈的斗志与坚定的信念，现被东北烈士纪念馆收藏。

（于丹）

宋铁岩的学习笔记

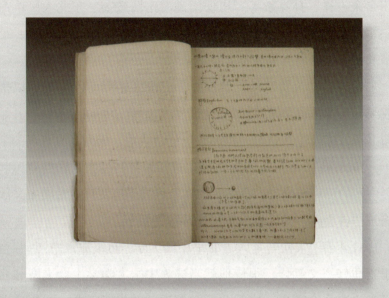

宋铁岩的学习笔记

二级文物

长 25.5 厘米，宽 18.5 厘米

纸质，重 198 克

　　在东北烈士纪念馆珍藏着这样一件文物，它长 25.5 厘米，宽 18.5 厘米，重 198 克，纸底已变黄，内有残页，字迹清楚，较为完好；现用白线、黄色牛皮纸装订了封皮。它就是东北抗日联军第一军政治部主任宋铁岩在吉林省立第二师范学校读书时留下的学习笔记。

　　宋铁岩，1909 年 12 月出生于吉林省永吉县，原名孙肃先，字晓天。曾用名宋占祥、孙克敏等。历任南满游击队政委、东北人民革命军第一军政治部主任、东北抗日联军第一军政治部主任等职务，是中共南满特委、南满省委委员。

　　宋铁岩自幼天资聪敏，勤奋好学。1928 年春，19 岁的他以优异的成绩升入吉林省立第二师范学校。在二师就读期间，宋铁岩开始阅读新书报，接触先进思想，积极参加革命活动，成为当时有名的学运骨干。1928 年 10 月他与吉林地区先进知识界和广大人民群众掀起了轰轰烈烈的反对强修"吉会路"的斗争，终于迫使日本帝国主义放弃了修筑"吉会路"的计划，取得了斗争的胜利。

　　1931 年春，宋铁岩考入了北平中国大学，同年加入中国共产党。由于素质好、文笔佳，很快他就当选为中国大学学生会主席和北平大学学生联合会理事，成为北平学生运动的先锋。九一八事变后，宋铁岩积极响应党的号召，组织和领导中国大学学生走向街头，参加反日集会和示威游行。他作为负责人率领北京学生请愿团奔赴南京请愿，被国民党当局逮捕。在狱中，他痛斥南京政府："爱国无罪，你们卖国我们就爱国，我们一定坚持到底，爱国的火焰是永远也扑不灭的！"后南京政府慑于人民的强大力量不得不将被捕的代表释放。

　　1932 年，受党组织的派遣，宋铁岩返回沦陷的东北，从事抗日斗争。1933 年 5 月根据党的指示，他在吉林省磐石县烟筒山打入伪铁道警备第五旅十四团迫击炮连，成功地领导全连起义后，即编入杨靖宇领导的中国工农红军第三十二军南满游击总队。由于宋铁岩文化素质和思想素质高,工作能力强,慧眼识珠的杨靖宇任命他为政委,成为杨靖宇的亲密战友和得力助手。此后,他与杨靖宇一道率部转战于白山黑水之间,开辟了千余公里的抗日游击战线,给日伪军以沉重打击。1934 年 4 月,他奉命到苏剑飞领导的南满第一游击大队做政治工作,将这支自发的抗日武装改造成东北人民革命军的一支劲旅。1936 年初,杨靖宇和宋铁岩等率第一军主力向本溪、凤城、宽甸挺进并设下埋伏,一举击垮了尾随其后的邵本良部。宋铁岩在协助杨靖宇进行军事指挥的同时,还为部队的组织建设、政治思想教育等工作倾注大量心血,使部队党组织不断发展,广大指战员的政治素质得到很大提高,战士们都亲切地称他是"铁主任"。在宋铁岩的直接主持下,第一军还印发了《反日民众报》《人民革命军画报》和各种传单。长期的艰苦征战和辛劳工作,使宋铁岩患上了严重的肺病,但他毫不顾及个人的痛苦与安危,仍以顽强的毅力带病坚持工作。

1936 年 7 月,东北人民革命军第一军改编为东北抗日联军第一军,宋铁岩继任军政治部主任。9 月,宋铁岩率队返回老游击区,因长途征战,劳累过度,肺病加剧,便带一部分队伍进入本溪游击根据地老和尚帽子山里密营休养。1937 年 2 月 11 日拂晓,密营被敌人发现并包围,宋铁岩带病指挥队伍奋勇还击,在掩护部队撤离时不幸中弹牺牲,年仅 28 岁。

1984 年,东北烈士纪念馆的赵路同志,从烈士长子的手中征集到了这本 1927 年至 1929 年间宋铁岩于学生时代留下的学习笔记。后经文物鉴定小组审议,将这本珍贵的学习笔记定为二级文物。

(王健)

魏拯民在安阳军校时的日记

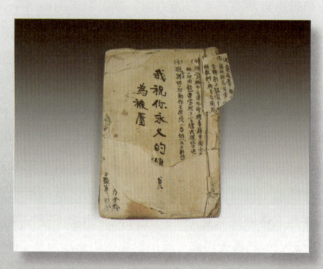

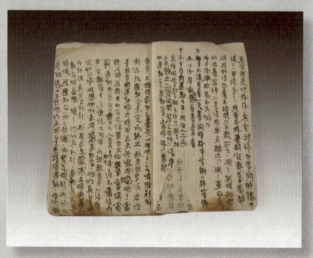

一级文物

长 22 厘米，宽 14.8 厘米

纸质

这件文物年代为 1931 年，质地为纸质，长 22 厘米，宽 14.8 厘米。竖开右侧线订，内文用毛笔、钢笔竖行书写。

这本日记是魏拯民于 1930 年 11 月至 1931 年 4 月间在安阳军校时写下的，日记中记录了军阀石友三在治学中灌输法西斯思想对学员的摧残和毒害，表达了对军阀统治的厌恶，立志要干一番大事业，以拯救民族危难。

1927 年，魏拯民在山西省立第一中学加入了中国共产主义青年团，次年 1 月光荣地加入了中国共产党，成为无产阶级先锋队的一员。蒋介石发动四一二反革命政变后，山西军阀阎锡山也开始大肆逮捕共产党员，太原的党组织遭到破坏。魏拯民被迫于 5 月回到家乡山西屯留县，与家乡的几位党员成立党支部，继续从事革命活动。

1928 年 2 月，屯留县党组织遭到破坏后，魏拯民只身前往北平，考入私立宏达学院，一面学习，一面从事革命活动。

身在北平的魏拯民时刻不忘家乡的革命，1930 年 4 月，他和在北平读书的共产党员宋冠英、李长路等创办了中共屯留临时支部党刊《锄耕》，揭露贪官污吏、土豪劣绅欺压百姓的罪行。

1930 年 11 月，魏拯民受北平党组织的指派，进入国民党第十三路军安阳军事干部学校学习军事，并从事兵运斗争。在这所学校里，学员们常常遭到反动军官的打骂和惩罚，过着囚徒般的生活。透过这所军校和国民党新军阀的混战，魏拯民更加深刻认识到国民党新军阀的残暴和反动。他在日记中写道："军阀混战后（1930 年 4 月至 10 月），人民得到的'洪福''恩典'，使我们这些牛马式的人类无可告述。像这样的现象，我们还能忍受吗？还能忍耐吗？不能忍耐！只有一条路可以使我们走，我们走上去吧！"

党派魏拯民到军校学习，是为革命的进一步发展，培养自己的军事干部做准备。他一开始就明白了党的意图，因此以顽强的毅力，压抑着对敌人的仇恨，忍受着军校法西斯式的折磨，刻苦学习军事知识，并团结一批进步青年，组织了"读书小组"，谨慎地进行着革命宣传工作。入军校时，他只有三年多的党龄，但做地下工作已相当有经验，不到半年时间，就在这所集中营般的军校里，发展了党组织，吸收了四位同志入党，并以"读书小组"名义进行着秘密革命活动。

他在日记里写道："真正革命的人，做事要光明磊落，要做常人所不能做的工作，要忍受常人所不能忍受的痛苦。忍受不是懦弱，不是屈服，而是为了更有效地斗争。"他在日记中还写道："要作空前绝后的为人类幸福的一桩大事业，必须在这之前有充分的预备与准备，方可有胜利之操，成功之可能。"

1931年6月，魏拯民因病离开安阳军校到了北平。1932年任中共哈尔滨市委书记，1934年冬到东满抗日游击区工作，1935年出席共产国际七大，1936年任东北抗日联军第二军政委、第一路军副总司令。1941年抱病出征，病逝于桦甸密营。

1956年5月，东北烈士纪念馆研究人员郭肇庆寻访烈士事迹时，得知魏拯民的父亲关宏元在河南峰云煤矿，经过多次交谈，老人将这本珍藏30多年的日记捐献出来。

（刘春杰）

雷炎使用的刺刀

二级文物
长 45 厘米
铁质，重 12 千克

这把刺刀是东北抗日联军第三军第四支队队长雷炎在抗日民众自卫队时期使用过的。刺刀为铁质，长 45 厘米，重 12 千克，有明显被烧过的痕迹，刀体保存完整。

雷炎 1911 年生于海伦县，1931 年九一八事变后，参加抗日民众自卫军，1933 年加入中国共产党，曾担任东北人民革命军第三军留守团政治部主任，中共海伦县支部书记。雷炎是一位文武双全的抗日领导人，他枪法出众，作战勇猛、果断。1931 年雷炎毕业于黑龙江省第二交通中学，此时他看到日本帝国主义的暴行，极为愤恨，于是他积极参加抗日活动。同年，雷炎所在的学生团被编入抗日民众自卫军中，他们拿着刺刀等武器同敌人展开英勇斗争，后因没有统一的领导，雷炎所在的学生团被打散了，他无奈回到了海伦县的家里。1932 年雷炎来到哈尔滨参加党领导的抗日组织，临行前他将这把刺刀交给了父亲保存，后来家里发生了火灾，父亲从余火中寻找出来并继续保存着。1939 年雷炎同志在战斗中牺牲。

1959 年东北烈士纪念馆工作人员于天存到海伦县将此刀征集到东北烈士纪念馆，后经文物鉴定小组鉴定，定为二级文物。

（曹阳）

杨靖宇在哈尔滨做地下工作时穿的大衫和用过的褥子

一级文物

大衫长 120 厘米，宽 50 厘米，灰色毛哔叽料

褥子长 157 厘米，宽 80 厘米，棉麻纤维质地，重 1.5 千克

这两件遗物是杨靖宇1931—1933年在哈尔滨进行抗日活动时穿的大衫、用过的褥子。大衫长120厘米、宽50厘米，灰色毛哔叽料，有几块小补丁。褥子长157厘米、宽80厘米，有几处裂口。褥面是灰色布料、四周镶黑边，褥里是白布。

杨靖宇原名马尚德，河南省确山县人。早年在家乡开展革命工作。1929年受党中央派遣，到东北工作。1931年九一八事变后，来到哈尔滨，先后担任东北抗日救国总会会长、中共哈尔滨市道外区委书记、中共哈尔滨市委书记、中共满洲省委候补委员等职。

在哈尔滨从事地下工作期间，因为没有公开职业，杨靖宇每月只能领到九块"哈大洋"作为生活费，根本不够用，有时还接济不上。在艰苦生活面前，杨靖宇从来没有叫过一声苦，没有向组织提过一次生活上的要求。他对自己要求十分严格，生活极其简朴，节衣缩食，从不乱花一分钱，却经常把省吃俭用节省下来的钱用在工作上或者帮助其他生活更困难的同志。

杨靖宇经常穿着这件灰色大衫，往来于日伪残酷统治下的街道、工厂、乡村、学校，机智沉着地躲过警察、特务、宪兵的盘查，积极开展抗日宣传，发动群众投入到反满抗日斗争中去。

哈尔滨的冬天十分寒冷，夜间更是可达零下30摄氏度左右。为了节省开销，杨靖宇的屋子里经常只烧很少一点火取暖，仅靠这条单薄的褥子，度过一个个寒冷的夜晚。

1932年9月，杨靖宇任中共满洲省委军委书记，主抓士兵运动和建立抗日武装的工作。为了解掌握反日游击队的情况，解决游击队在发展过程中遇到的实际问题，11月，杨靖宇以省委特派员身份去南满巡视指导工作。由于路费不够，杨靖宇把他的这件大衫和褥子送到当铺，当了点钱补贴费用。

1933年5月中旬，杨靖宇假扮生意人，回到哈尔滨向省委汇报工作，并学习领会中共驻共产国际代表团的《一·二六指示信》。到哈后被安排住在省委宣传部工作人员姜椿芳家里。姜称杨为"远房舅舅"。杨靖宇从当铺里赎出来这件大衫和裤子继续使用。第二天，杨靖宇即对《一·二六指示信》仔细研读，反复体会。5月28日，省委领导在姜椿芳家召开了专门会议，向杨靖宇传达了指示信精神和省委关于接受这一指示信的决议，并共同研究了南满地区党和游击队的工作及如何在南满贯彻指示信精神的问题。

杨靖宇在姜椿芳家住了一个来月，像一家人一样，有空就帮助做家务，也经常和他们讲起战斗的故事。

6月初，杨靖宇要返回南满，继续领导南满地区的武装抗日斗争。同样由于经费的问题，临行前，杨靖宇再次把他从当铺赎出并穿用了近一个月的大衫和裤子送进了当铺。他将当票交给姜椿芳的母亲代为保存，预备再回哈尔滨时赎出来继续使用。但是，此后杨靖宇在南满率领抗日武装于枪林弹雨中与日寇进行了艰苦卓绝的殊死抗战，直至1940年牺牲，再没回过哈尔滨。当票赎期快满时，姜母把大衫和裤子赎了出来。1936年，姜母随姜椿芳离开哈尔滨去了上海，她一直保存着这两件衣物，希望有一天能够还给杨靖宇。

1952年，姜椿芳到北京工作。原满洲省委组织部长何成湘去姜家，姜母才知道杨靖宇已于1940年壮烈牺牲。姜母十分悲痛，流着泪将一直珍藏于家中的杨靖宇的这两件遗物取出来，郑重地交给何成湘，请他把这两件烈士的遗物转交给东北烈士纪念馆，作为教育后人的历史见证。1996年该文物被国家文物局专家鉴定组确认为一级文物。

（孙桂娟）

杨靖宇在哈尔滨做地下工作时穿的大衫和用过的裤子

东北抗日义勇军与《告满洲各地义勇军书》

一级文物

横 25.5 厘米，纵 17 厘米，纸质

1932 年 3 月 31 日刻印

《告满洲各地义勇军书》为黄褐色薄纸，1页，横25.5厘米，纵17厘米，用蜡纸由右至左竖排刻写，蓝色油墨印制，标题和落款"中国共产党满洲省委员会"为粗笔画大字。刻印时间在标题下面，写的是"1931年3月31日"。因行文内写的是1931年九一八事变后日本帝国主义已侵占东北三省，故以上时间显然是笔误，应为"1932年3月31日"，而这时也正是东北义勇军迅猛发展时期。

此件文物是东北抗日时期地下党组织留下的真品，中华人民共和国成立后哈尔滨市建筑部门在拆除一旧房屋时从墙里发现，转交给市档案馆。1955年4月由哈尔滨市档案馆工作人员李成经手，拨交给东北烈士纪念馆收藏陈列。

有这样一首歌，它诞生于抗日战争年代，曲调雄壮激烈，歌词催人奋进，在抗日战争时期引领着中国人民奋起抵抗入侵者，1949年中华人民共和国成立时成为国歌，这就是《义勇军进行曲》。

"起来，不愿做奴隶的人们，把我们的血肉筑成我们新的长城"，义勇军就是这样一支在民族危亡时刻，用自己的血肉之躯勇担大任的队伍。1931年九一八事变后，在中国共产党号召和影响下，东北三省和热河省（今分属河北、辽宁、内蒙古）爱国军民、东北各阶层群众和东北军、警察部队的部分官兵纷纷组成义勇军、救国军、自卫军、大刀会、红枪会等抗日武装，统称为东北抗日义勇军。这些自行组成的民众抗日武装部队无统一领导和编制，各自具有相当独立性；军费靠自筹或全国人民捐助；主要用轻武器乃至大刀长矛，以游击战为主要作战样式打击敌人。义勇军高举"誓死抗日救国""还我河山"的旗帜，在极端艰苦的条件下，同日本侵略军展开英勇的武装斗争。

东北抗日义勇军坚持抗日斗争十年，战斗2万余次，毙伤俘日军5万余人、伪军6万余人，给日伪军以沉重打击；义勇军也遭受了严重的损失。东北义勇军的英勇战斗，充分体现了中华民族敢于抵御外侮的大无畏的爱国主义精神；为建立东北抗日武装统一战线和创建东北抗日联军提供了条件和经验；推动了东北抗日斗争的发展，对中国抗日战争的胜利做出了重要贡献。

在义勇军的建立和斗争中，有些曾得到中国共产党的领导和支持。从1931年10月中下旬义勇军刚刚兴起之际，中共就对其斗争予以积极支持、帮助和领导。中共满洲省委和下属各地党组织不仅发动群众支援义勇军，动员工农参加义勇军，还先后派遣200多名党团员，并从反日会等抗日群众团体中选派一大批骨干到各部义勇军中工作。1932年3月，正是义勇军武装反日斗争进入高潮阶段，为了进一步鼓舞和指导义勇军的斗争，中共满洲省委于3月31日印发了《告满洲各地义勇军书》，号召和鼓励义勇军要团结广大劳苦群众，与工人、农民联合起来，与日本侵略者进行坚决的斗争，使义勇军更加坚定了斗争的信心。

（于玲）

崔国侦杀敌用的大扎枪头

二级文物

长 71 厘米，最宽处 65 厘米

铁质，重 5 千克

这支大扎枪头是磐石反日游击队队员崔国侦杀敌用的。它长71厘米，最宽处65厘米，铁质，无木杆，有锈痕。1950年，由东北烈士纪念馆谢子学同志在吉林省桦甸县征集入馆，现在东北抗联博物馆展厅陈列，是当年许多游击队员都曾用过的英勇杀敌的原始武器。

磐石县位于我国东北的中部偏南，地处长白山区与东北中部平原的连接点上。境内山岭起伏，河流密布，森林茂密。在20世纪三四十年代的战争环境中，磐石县是一个进可以攻、退可以守，进行游击活动的理想地区。

随着日本帝国主义对东北侵略步伐的加快，饱受军阀压迫和剥削之苦的磐石人民的苦难也日益加重，广大贫苦农民挣扎在死亡线上。就是在这样的背景下，中国共产党开始领导磐石人民进行革命斗争。

早在1930年8月，在中共满洲省委的领导下，建立了中共磐石县委。九一八事变后，尤其是1932年，中共磐石县委领导广大贫苦农民进行了"二九""四三""五七"三次大规模的反日斗争，群众武装抗日要求空前强烈。

中共磐石中心县委组建以后，根据中共满洲省委到农村去进行游击战争的号召，1932年6月4日，在中共磐石中心县委的领导下，磐石工农反日义勇军在磐东三道岗建立。有队员30余人，张振国任队长，杨君武任政委，辖第一、二、三分队。崔国侦就是其中一员。

磐石工农义勇军成立后发布公告宣布："本军受全国反日军事委员会的命令，活动于磐石县境，担任清除走狗，保护民众之责，决心驱逐一切日本强盗，收复一切失地。"磐石工农义勇军成立后两个月内，协助群众进行了多次分粮斗争，政治影响不断扩大，队伍发展到50余人，武器装备也有所改善，队内建立了党支部，分队建立了党小组，实行政治委员制。队伍纪律严明，受到群众的称赞和拥护。但由于当时执行的仍然是王明的"左"倾错误方针，搞"打土豪分田地"，侵犯了中小地主的利益，一些汉奸地主借此大造谣言，挑拨民族关系。因此磐石工农义勇军，不仅要与日伪军作战，还经常遭到地主武装的袭击。

一天，崔国侦所在的磐石工农义勇军与日伪军遭遇，被包围在桦甸县会全栈。战斗异常激烈，数量有限的子弹很快就打光了，面对凶残的敌人，崔国侦把长枪往身后一背，挥舞起大扎枪，大喊一声：跟我来！杀呀！便纵身冲入敌群。其他队员也舞动大刀、扎枪，拼命厮杀，敌人顿时被队员们视死如归的气势吓得魂飞魄散。肉搏战中枪已经难以发挥作用，崔国侦用大扎枪杀死数名敌人，带领大家冲出重围。但是崔国侦也身负重伤，被队员们送到抚松县黄泥河子密营养伤。由于当时条件十分艰苦，缺医少药，加之崔国侦伤势太重，不久牺牲在密营。

1932年秋，杨靖宇受中共满洲省委派遣到磐石整顿队伍，将磐石工农反日义勇军改称为中国工农红军第三十二军南满游击队，也称磐石游击队。后来，游击队连续两次遭到反动地主武装的袭击，杨靖宇从海伦巡视回来，再次对游击队进行整顿。整顿后，杨靖宇任政委，全队共230余人。这支游击队就是东北抗联第一军的前身。

1950年，东北烈士纪念馆谢子学等同志到桦甸县进行东北抗联历史调查，听当地群众介绍了崔国侦的英雄事迹，他的大无畏的英雄气魄令人景仰，同时将这支大扎枪头征集回馆珍藏。这支大扎枪头印证了这场14年的抗日战争的残酷性、艰苦性和东北人民反满抗日的决心。

（于文生）

崔国侦杀敌用的大扎枪头

抗日战争时期延吉游击队使用的土造手榴弹

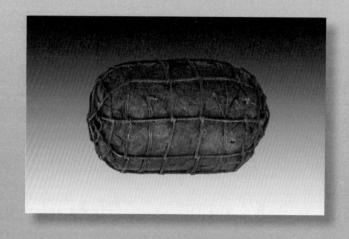

二级文物

长 12 厘米，直径 7 厘米

铁质，椭圆形，重 250 克

抗日战争时期，东北抗日联军的战士与群众发挥了极大的智慧，创造各种武器打击敌人。延吉县政府在征集东北抗联文物时，得到一枚用简陋的工具制造的点火手榴弹。这枚手榴弹现陈列在东北烈士纪念馆。此文物为铁质，呈椭圆形，并且用铁丝缠裹着，现在弹内已空。因年代久远，弹身遍布锈痕，并且残缺四分之一。它是延吉抗日游击队在物资短缺、装备简陋、气候恶劣的条件下坚持与敌人战斗的重要物证。

1931年九一八事变后，日本帝国主义侵吞了中国东北的大好河山。地处东北边陲的延吉地区也陷入兵燹战祸之中，世代生活在这里的各族人民遭受了空前灾难。但是中华儿女不愿做亡国奴，哪里有压迫哪里就有斗争，纷纷决然投身于反日斗争中。同年秋，在中共东满特委的领导下，延吉、珲春、汪清、和龙等地爆发了声势浩大的秋收斗争，成千上万的农民群众走上街头，举行游行示威。

1932年春，延边地区又爆发了更大规模的春荒斗争。东满特委号召人民"夺取地主的粮食解决春季饥荒，夺取敌人武器来装备自己，清算日本帝国主义及其走狗"。愤怒的群众走上街头高呼"打倒日本帝国主义""反对日本走狗"等口号，冲进地主家开仓分粮。

延吉游击队是当地抗日民众组成的抗日武装，在斗争中不断发展壮大。1933年初只有130多人，到1934年初，就增加到300多人，成为东满各县游击队中人数最多的一支队伍。他们经常活动在依兰沟、王隅沟等游击根据地，打击敌人。1933年2月，在三道湾抗击日伪军"讨伐队"，杀伤敌人数十名。接着又在王隅沟伏击日伪"讨伐队"，毙伤敌人20余名。3月，在烟集岗袭击伪军，打死8人，缴枪8支。4月，在吉青岭袭击伪军，毙伤敌人多名。5月，在石人沟东沟，伏击日伪军"讨伐队"，杀伤敌人20余名。7月，游击队联合其他反日部队，袭击八道沟，打死伪自卫团长以下10余人。8月，又袭击新兴屯伪自卫团部，夺枪 19 支。9 月，攻打了老头沟镇后，又在八道沟符岩洞南山与日军"讨伐队"交战，歼敌 10 余人。11 月，游击队袭击南柳树河子，打死打伤敌人多名，缴枪 20 余支。12 月，在三道湾抗日游击根据地，顶住了两千多敌人的进犯，给敌人以重创。

1933 年 12 月 3 日，满洲省委向东满特委发出指示信，信中要求特委以延吉、汪清、珲春、和龙四县现有游击队为基础，建立东北人民革命军第二军独立师。根据满洲省委的指示，1934 年 3 月下旬，中共东满特委在延吉县三道湾南张芝召开了特委和各县游击队干部会议，正式决定把延吉、和龙、汪清、珲春等县的游击队合编为东北人民革命军第二军独立师。独立师成立后不久，日伪军加紧了对东满地区的"讨伐"，抗日游击根据地不断遭到敌人的破坏，独立师的活动区域被压缩得越来越小。为了改变这种局面，独立师遵照中共满洲省委关于"采取积极进攻的策略"的指示，决定兵分两路，粉碎敌人对我东满地区的"讨伐"，向敌人统治薄弱的地区进攻，开辟新的抗日游击区。

这枚土造手榴弹是 1950 年东北烈士纪念馆工作人员从吉林省延吉县政府征集来的，1986 年被鉴定为一级文物。它是 1933—1935 年吉林省延吉地区的游击队员们，在极端困难的条件下，满怀着爱国热情和对侵略者的无比愤恨，利用简单、粗陋的工具制造的，反映了当时东北人民坚决抗日的决心和艰苦卓绝的斗争精神。它的外形让我们眼前浮现出东北黑土地上全民抗战的壮丽、艰辛的战斗场景。

（吴向东）

宋铁岩的《前进》诗集

一级文物
长 19 厘米，宽 12.5 厘米
黄色纸封面，纸质，重 21 克

宋铁岩烈士留下的《前进》诗集，长19厘米，宽12.5厘米，重21克，纸质，黄色封面。封面上用黑色墨水写着诗集的标题"前进"，扉页上用墨笔画了一面旗帜，旗帜上有代表工农兵的斧头、镰刀和枪的图案。《前进》诗集中的诗篇，尖锐地抨击了帝国主义的种种罪恶，热情讴歌了工农劳苦大众的斗争精神。

宋铁岩是东北抗日联军第一军政治部主任。原名孙肃先，1909年12月6日出生，吉林永吉人。1931年加入中国共产党。青少年时代在生活极其艰难的条件下，以优异的成绩从吉林省立第二师范学校毕业。1931年春，考入北平中国大学。曾任中国大学学生会主席、北平大学学生联合会理事，在学生中从事党的秘密工作。

九一八事变后，宋铁岩积极组织领导学生开展反日集会、游行示威、救亡宣传等抗日活动。曾被推举为北平学生请愿代表团负责人，率团赴南京国民政府请愿，呼吁政府停止内战，一致抗日，遭政府当局逮捕，后在各界人士及全国人民的支持和斗争下获释。1932年秋，他被党组织派回东北从事兵运工作。此间，写作了诗集《前进》，以表达抗日斗志。

1933年端午节，宋铁岩与曹国安一起成功领导伪铁道警备第五旅十四团迫击炮连起义，起义队伍加入杨靖宇领导的中国工农红军第三十二军南满游击队，被编为迫击炮大队，宋铁岩任大队政治委员。9月，南满游击队改编为东北人民革命军第一军独立师，宋铁岩任政治部主任。为扩大抗日力量，贯彻党的反日民族统一战线政策，在做好本军内部政治工作的同时，他东奔西走，积极联络各抗日武装共同抗日。

1936年2月，东北抗日联军第一军成立，宋铁岩任第一军政治部主任兼中共南满省委委员等职。随杨靖宇转战南北，参加了大荒沟伏击战、歼灭伪军邵本良部等十余次著名战斗。7月，他奉命率部西征。后因日伪军重兵严密封锁，被迫率部回师。在摩天岭伏击日军金田中队，取得击毙日军大尉金田以下80余人的胜利。

由于长期在恶劣的环境下斗争，宋铁岩身患严重的肺病，到辽宁省本溪游击根据地老和尚帽子山里密营休养。日军侦知后，于1937年2月11日凌晨包围了密营。宋铁岩率领战士们反击突围，终因敌众我寡，壮烈牺牲。年仅28岁。

这本诗集是宋铁岩1933年春离家参加武装斗争时留给妻子的。他叮嘱妻子林晓云说："孩子读完书，一定不能给鬼子干事！"他让妻子将诗集保存好，等孩子长大了给他们看。妻子问他何时回来，他摇摇头说："20年、30年不一定，回不回来不一定，不赶走日本人，我就不回来。"在那天的日记中，宋铁岩写道："快走快走莫回头，英雄气短，儿女情长……"

1956年，宋铁岩的家属将《前进》诗集捐赠给东北烈士纪念馆陈列展出，教育后人。

（赵明寰）

东北民众自卫军司令邓铁梅颁发给汪晓东的任命状

一级文物

横 63 厘米，纵 46 厘米

丝质，重 620 克

在东北烈士纪念馆展厅里陈列着一件 1932 年东北民众自卫军司令邓铁梅任命汪晓东为第八路司令的任命状。该任命状横 63 厘米，纵 46 厘米，重 620 克，由三层白丝绸缝制而成，编为第二十四号，上面印有"邓铁梅印"和"东北民众自卫军司令印"两枚方印，左右各写 3 字"不爱钱""不怕死"，上下各写 4 字"收复失地""杀尽倭奴"，发状时间为"中华民国二十一年八月三日"。

中国东北沦陷以后，具有反帝爱国光荣传统的东北人民立即掀起了轰轰烈烈的抗日武装斗争。原东北军部分爱国官兵自发奋起抗战；广大农民组织起大刀会、红枪会，拿起刀枪，保卫家园；青年学生投笔从戎，奋起杀敌；一些绿林义士也激于义愤投身抗日。这些抗日武装力量统称为东北义勇军。东北沦陷初期，东北义勇军的斗争沉重地打击了日本侵略者的嚣张气焰，表现出中国人民不可侮的民族气节。

在众多的东北义勇军的队伍中，有一支由邓铁梅领导的东北民众自卫军十分活跃，威震辽东。邓铁梅率领东北民众自卫军在辽东半岛的丹东、凤城、岫岩一带与日伪军进行了多次战斗，不断地攻城、炸桥、打伏击战，给日伪军以沉重打击。到 1932 年，邓铁梅部与敌人进行了近百次大小战斗，大战黄花甸，袭击岫岩城，占领黄土坎，三打大孤山，威名远扬。

东北民众自卫军在短暂的时间里取得赫赫战功，极大地鼓舞了辽东民众的抗战信心，众多的抗日队伍纷纷前来投靠。1932 年 8 月，邓铁梅直接指挥的部队有步兵、骑兵、炮兵等 20 多个团。1932 年 8 月 3 日，邓铁梅任命汪晓东为第八路司令，并且颁发了委任状。

日伪当局面对声势浩大的抗日队伍，一面调兵对邓铁梅的部队进行大规模"讨伐"，一面设法对东北民众自卫军进行拉拢和劝降。东北民众自卫军不畏强敌，克服困难，继续进行不屈不挠的抗日斗争。

邓铁梅因常年鞍马劳累，身体衰弱，于1934年5月脱离部队，隐蔽在群众家休养身体，后来因叛徒出卖而被捕。在敌人的监狱中，邓铁梅不畏强暴，宁死不屈，表现出一名抗日志士为救国大业毫无畏惧的浩然正气。1934年9月28日，邓铁梅被日军秘密下毒，壮烈牺牲。

邓铁梅牺牲以后，东北民众自卫军仍然继续坚持抗日斗争。在一次敌强我弱、实力悬殊的战斗中，部队被打散，汪晓东身负重伤，只身逃往八面通。这时，他已经被敌人张榜通缉，下重金悬赏捉拿。在万不得已的情况下，汪晓东隐姓埋名，逃往绥滨县务农。

1957年，汪晓东将自己保存多年的邓铁梅颁发给他的委任状，作为教育后人的重要历史文物，捐献给了东北烈士纪念馆。

（衣利巍）

邓铁梅部东北民众自卫军发行的军用票

一级文物
中心图案是锄地的农民和站岗的士兵
纸质

　　这两张货币均为纸币。中心图案是锄地的农民和站岗的士兵，反映了军民团结、共同抗日的思想。上部有"东北民众自卫军通用钞票"11个字，下面有"凭票即付国币""贰元""贰角"等字。底栏印有日期"中华民国二十一年印"。钞票的背面印有邓铁梅的印章，这位邓铁梅就是当年名震辽东的东北民众自卫军司令。这两张钞票，是东北民众自卫军发行的纸币。这种货币不仅发行量少，且流通时间短，流传至今的极少，具有很高的收藏、研究价值。

　　邓铁梅，辽宁本溪人，曾在凤城县警察局任职。九一八事变后，在锦州闲居的邓铁梅目睹国破家亡的惨痛景象，感慨万千，前往东北军爱国将领黄显声处拜访，向他陈述了救国救民的意愿。黄显声鼓励邓铁梅返回凤城，通过旧关系组织队伍，利用山高林密的地理环境，开展反日斗争。邓铁梅回到家乡后积极开展抗日宣传，筹建抗日队伍。1931年10月下旬的一天，邓铁梅在凤城小汤沟顾家堡子召开了东北民众自卫军誓师大会。会上，邓铁梅被推选为司令。东北民众自卫军成立后，首战凤凰城告捷，打击了日本侵略者的气焰。此后，邓铁梅率部连续出击，屡屡重创敌寇。智取三义庙，血战红花岭，奇袭黄土坎，偷袭曲家店，进驻龙王庙，合围大孤山，捷报频传，战功显赫。邓铁梅声望日增，威震辽东。到1932年8月，东北民众自卫军司令部直接指挥的部队计有步、骑、炮兵20多个团，1.5万余人。邓铁梅部壮大后，为筹集军需，减轻民众负担，于1932年8月收缴伪满官盐50万余公斤，筹措资金30多万元，以此为基金发行军用票。东北民众自卫军发行的货币有贰元、壹元、伍角、贰角、壹角5种，当时用此票可兑换银圆，因而这种货币的币值非常稳定，在辽宁凤城、岫岩一带有很高的信誉。

　　这两张纸币是1954夏东北烈士纪念馆和黑龙江省博物馆工作人员到邓铁梅部当年活动的地区征集所得。它对研究东北民众自卫军的经济活动具有重要的史料价值，也是东北军民团结一心、共同抗击日本侵略者的重要物证。

（贾立庆）

中共中央《一·二六指示信》

一级文物
长 13.5 厘米，宽 9 厘米
纸质，共 21 页

　　中共满洲省委在支持、帮助和领导义勇军斗争同时，也积极建立党直接领导的抗日武装。从1932年初开始，除去原来已经派到抗日义勇军中工作的省军委书记周保中、李延禄等同志外，又派出省委军委书记杨林、杨靖宇到吉林地区，大连市委书记童长荣到延边地区，省委军委书记赵尚志到巴彦、珠河，省委秘书长冯仲云到汤原，进行创建抗日武装工作。他们到各地以后，指导当地党组织，并和他们一起深入农村，发动群众，夺取敌人的武器武装自己。经过一段时间的艰苦斗争和工作，在南满、东满、吉东和北满等地，从无到有，先后创建起以工人、农民和爱国知识青年为骨干的磐石、海龙、延吉、珲春、汤原、巴彦、宁安等十几支党直接领导的抗日游击队。

　　抗日游击队成立以后，在与日伪军战斗的过程中不断壮大，1934年已经发展到1000多人。围绕各个游击根据地还建立了20余县的游击区。

　　但是由于当时中共中央领导机关仍然在推行王明"左"倾错误政策，尤其是1932年6月在上海召开的北方会议，不顾东北人民抗日救国的迫切要求，规定东北和南方革命根据地一样进行土地革命，建立苏维埃和红军。会议还着重反对所谓"北方特殊论""北方落后论"，打击那些坚持正确意见的同志。会后，将坚持抗日斗争正确方向的中共满洲省委书记罗登贤调离东北；对省委和一些地方党组织负责人坚持援助义勇军和联合其他抗日武装力量的正确主张和实际工作，均斥之为机会主义。这种完全脱离当时东北实际状况的"左"倾错误政策，使得游击队严重脱离了群众，孤立了自己，阻碍了游击队的迅速发展。

　　战斗在抗日前线的东北党组织和抗日游击队的领导人，向上级强烈提出改变错误方针的要求，以便进一步发展壮大党直接领导的游击队，团结东北各阶级、各阶层抗日群众和抗日武装力量，坚持和发展抗日游击战争。

1932 年 8 月，共产国际召开了执委会第十二次全会，向中国共产党提出了在东北地区应与关内有区别的意见。中共驻共产国际代表团和当时正在苏联的一些中国共产党人，根据共产国际会议精神，讨论了日本帝国主义占领东北后的形式和斗争策略问题，并且于 1933 年 1 月 26 日，以中共中央名义发出《给满洲各级党部及全体党员的信》，简称《一·二六指示信》。对日本侵占东北后东北政治形势的特点，各个阶段、各个抗日军队的政治态度以及相互关系做了基本正确的分析，提出了党领导东北人民进行抗日斗争这一主要任务所采取的总的政策方针，即"尽可能地造成全民族反帝统一战线，来聚集和联合一切可能的，虽然是不可靠的动摇的力量，共同地与共同敌人——日本帝国主义及其走狗斗争"。从而明确地提出在东北三省组织反日民族统一战线的方针。

虽然这封信还保留了一些"左"的错误观点，但在纠正北方会议的错误上却起到了重要作用。在东北停止实行土地革命的政策，将建立苏维埃和红军改变为建立抗日人民政府和东北人民革命军。1933 年春，这封信传到中共满洲省委后得到积极地贯彻执行。从 1933 年 9 月到 1936 年 2 月，东北人民革命军 6 个军相继成立，游击区也扩大到 40 余县，东北抗日游击战有了新的发展。

这份《一·二六指示信》，是共青团珠河县委 1935 年 4 月 5 日依照中共满洲省委 1934 年 5 月 20 日第三版翻印件再翻印的第二版，为蜡版竖刻，黑色油墨印制，用纸捻订成小本，长 13.5 厘米、宽 9 厘米，共 21 页。在 1948 年东北烈士纪念馆建馆时，由东北抗联老同志捐献入馆，保存至今。

（王艳秋）

赵一曼领导哈尔滨电车工人大罢工时的电车

一级文物

长 920 厘米，宽 215 厘米，高 300 厘米

在东北烈士纪念馆院内，停放着一辆旧式有轨电车，它是著名抗日女英雄赵一曼领导哈尔滨电车工人大罢工时的电车。电车上半部为白色，下半部为红色，车头有黑色灯罩，两侧分别有12个窗户和两扇门。车厢内两头分别有一个操作器和车闸，上部有两排红色吊环，下边有两排约5米长的长方形凳子。车体构造及外观都完好无损。整体车长920厘米，宽215厘米，高300厘米。

1932年秋，赵一曼被党派到哈尔滨工作，先后任满洲总工会秘书、组织部部长和哈尔滨总工会代理书记。为了应付敌人的盘查，组织决定让她和满洲总工会书记老曹（化名其青）组成"家庭"，他们的住处成为满洲总工会的机关。

中共地下党组织非常重视电车工人这支革命力量，当时建在马家沟的哈尔滨电车厂归电业局管辖，党组织借着电业局招考车掌（即乘务员）之机，派人打入电车厂做地下工作。赵一曼也经常到电车工人中进行抗日宣传活动，很快一批富有爱国思想的青年工人提高了觉悟，参加了共青团和共产党，建立起党团支部和赤色工会组织。当时有党员6名，团员20余名，工会会员45名，将近占全哈尔滨市工会会员的一半。

电车工人工资低，生活贫困，还经常遭到日伪军警的打骂。1933年4月2日晚，伪满宪兵王文昌殴打电车车掌张鸿渔（地下共青团员），张鸿渔被打得满脸流血，浑身是伤。电业局的头头知道后，不但不同情被打者，还责骂工人给公司惹了祸，声言要开除张鸿渔，这激起了电车工人的极大愤慨。

电业局的党团员和工人积极分子决定利用这个事件，发动电车工人举行大罢工。赵一曼接到电车工会的报告后，很重视，连夜到电车厂指导党团员和积极分子组成罢工委员会。晚10时，骨干们召集200多工人在电车厂食堂开大会，宣布罢工。会后，工人们深夜刻印《电车工人告哈尔滨市民书》和各种宣传材料，写出200余张标语，还画了7幅揭露伪军警、宪兵打骂电车工人的宣传画。接着工人们走上街头，把宣传品张贴在主要街路和电车线路沿线的墙上、电线杆上，向全市民众正式宣告电车工人进行大罢工。3日清晨，人们上街不见一辆电车，看了标语传单，纷纷议论，谴责伪军警欺压电车工人的恶劣行为。

日伪统治当局迫于工人和民众的强大舆论压力，只好答应了工人们的5项复工条件：惩办肇事祸首；给受伤工人抚恤金50元，养伤期间发双薪；医药费由宪兵队承担；撤换宪兵队长，宪兵队登报道歉；电业局保证以后不再发生同样事件。由赵一曼等领导的这次电车工人大罢工取得了全面的胜利，显示了工人们团结战斗的巨大力量，进一步唤醒了人们的觉悟，激发了哈尔滨人民反满抗日的民族精神。

作为哈尔滨电车工人大罢工重要物证的这辆电车，外观及车体构造保存完好。这种20世纪初由德国西门子洋行制造的电车，是我国大、中城市早期的主要交通工具，能完整保存至今的极少。1996年4月25日，哈尔滨电车总公司将这辆具有光荣革命传统和收藏价值的电车，捐献给黑龙江革命博物馆（现东北抗联博物馆），暂由电车总公司代保管。2002年4月1日，此电车移送至东北烈士纪念馆。

（闻德锋）

地下交通员张宗伟携带秘密文件的藤条箱

一级文物
长69厘米，宽50厘米，高25厘米
藤条编制，内有薄木板夹层，重3千克

在东北烈士纪念馆里，陈列着这样一件在东北抗日战争时期地下交通线上发挥巨大作用的十分珍贵的历史文物——抗日交通员张宗伟携带秘密文件的藤条箱。这只藤箱长方形，形体完好，成灰黑色。箱体长 69 厘米，宽 50 厘米，高 25 厘米，箱里有薄木板夹层，用以隐藏秘密文件。

夜幕下的哈尔滨，曾经活跃着一批神秘而传奇的抗日交通员，张宗伟就是其中之一，也是这只藤箱的持有者。张宗伟又名张有为，1882 年出生在山东省牟平县。由于家境贫困，他 17 岁时去海参崴当工人。1917 年俄国十月革命爆发时，滞留在俄国的中国劳工和中国军队成为红军、白军竞相争取的力量。35 岁的他参加了由中国人领导的红军游击队，转战于赤塔、伊文库茨克等地与白军进行多次战斗，负伤后在阿格拉菲娜·库普里科娃的家中养伤。在阿格拉菲娜的精心照顾下，两人渐渐地产生了爱情的火花，结为夫妻。

1921 年张宗伟从苏联回国。为了生存，他曾在黑龙江岸边的黑河附近的金矿当工人。由于他会说俄语，经人推荐在当时的设治局当翻译。1929 年中东路事件爆发，煤矿关闭。为了寻找生活出路，他携带全家来到哈尔滨，住在道里区偏脸子五道街的一个大杂院里，这时的他由于长期过度劳累染上肺病，在家休养，一家人全靠妻子阿格拉菲娜给人家擦地板、洗衣服挣钱维持。由于他参加过列宁领导的革命斗争，思想进步，经常利用一切时机，潜移默化地宣传十月革命的情况，使邻居们受到很大启发。他的举动引起和他同住一个大院的中共地下党员袁品富的注意，他把张宗伟的情况向组织做了汇报，经过组织两年的培养和考察，张宗伟于 1931 年加入中国共产党。此后，张宗伟的家就成为中共满洲省委交通联络站的一个点，也是省委秘密开会和外地来省委汇报工作同志的接头地点。1932 年冬，这个联络站以前屋开小铺为掩护，后屋办了一个小印刷厂，印刷省委和抗日斗争需要的各种宣传品。

1933年秋，满洲省委跑上海的交通员被敌人逮捕，一时没有合适的人选，党组织把这个艰巨的任务交给了张宗伟。他头戴礼帽、身穿长衫、脚下穿着一双黑皮鞋，打扮成商人的样子，为掩护随身携带一只藤条箱，把党的文件放在箱子的夹层里，奔走于哈尔滨和上海之间的列车上。一次他乘坐列车，军警要例行搜查，把每位乘客携带的物品打开逐一检查。张宗伟感到事情不好，在危急之中，他沉着冷静，他机警地环视一下四周乘客，然后蹲在地下，把藤条箱从座椅下向外拉了拉，把手伸进去，敏捷地取出在夹层中的文件，然后捏成一团，一侧身塞进嘴中吞了下去，躲过了军警的检查，保住了党的机密。在严酷的日伪统治下，此箱历经风险，成为我党红色交通线上的重要物证。

1936年中共满洲省委在哈尔滨建立了中共哈尔滨特委，张宗伟又被安排到国际交通局外国人会见处工作。由于工作的秘密性和危险性更加严峻，张宗伟一家人在炮队街(现通江街)100号开了一个食杂店，作为秘密联络点。1937年哈尔滨特委宣传部长傅景勋叛变，敌人经过一个多月的精心策划，发动了对东北全境的"四一五"大搜捕，数百名革命同志和爱国志士被逮捕。同年4月20日，张宗伟刚刚送走接头的同志，他收拾了店铺刚要撤离，日本宪兵便破门而入，并在地窖里搜出了很多党的秘密文件。张宗伟被捕后被押在道里监狱的刑事科拘留所，面对日本宪兵的残酷刑讯，他使终坚贞不屈。1937年7月，受尽酷刑的张宗伟被日寇杀害于太平桥圈河，时年55岁。

1948年10月东北烈士纪念馆成立之初，张宗伟同志的妻子阿格拉菲娜将自己珍藏的这件烈士生前做交通员时使用的藤条箱捐赠给东北烈士纪念馆，成为一份启迪后人、进行爱国主义教育的好教材。

（王丽娟）

李学福使用过的手提箱

李学福使用过的手提箱

长 47 厘米，宽 27 厘米，厚 12 厘米

长方形，黑褐色，外皮用仿制皮革包裹

这是东北抗联第七军军长李学福烈士生前使用过的手提箱。这只手提箱外皮用仿制皮革包裹，黑褐色、长方形，长47厘米、宽27厘米、厚12厘米。皮革内部是用硬纸板压制而成。手提箱已经很陈旧，表皮开裂，有的裂口处用麻线缝合，中间有一个拎手。

　　李学福1901年出生于吉林延吉农村，朝鲜族。他12岁时，父亲病故，他和哥哥务农养家，不久后他们哥俩随母亲搬到饶河县三义屯。他在这里开始读书。读书以后，关心政治的李学福在朝鲜族民众中因为会说一口流利的汉语又很会为人处事、处处替老百姓着想、敢于为百姓发声，故而有很高的群众地位并在群众拥护下当了屯长。

　　1933年，饶河县被日军占领。同年李学福加入了中国共产党，他的组织能力和领导才干更加凸显出来。他和崔石泉在饶河城北三义屯举办军政干部训练班，培养了70多名抗日青年，并且动用自己的社会关系与救国军牵上了线，很快发展壮大了反日会和游击队。

　　李学福的抗日活动，引起汉奸特务的注意。1933年8月他被捕入狱，在被押赴刑场的途中，李学福趁机逃脱，头上顶着一捆草，隐藏在一个深水泡子中，躲过了敌人的搜捕。和死神擦肩而过的李学福，不久以后担任了饶河游击队军需长，负责部队军用物资供应。从这时起，这只手提箱就常伴他左右，李学福带着它经常来往于饶河、虎林、宝清等地，筹集粮食、被服、枪支弹药等军需物资。所有物资的表格、清单、收据以及日常备忘录和日记，还有在筹集过程中收集的情报以及一些信件，都按分类整齐地码放在这只手提箱中。由于常常奔走乡间，写字没有桌子，他就或蹲或坐在地上写物资清单，这只箱子就放在膝盖上充当临时书桌。在那段物资匮乏的艰苦岁月里，这只手提箱又装文件又当桌子使用频率非常高，所以看起来也就有些残旧。

李学福使用过的手提箱

　　李学福不仅负责筹集军用物资，还说服救国军与游击队联合抗日，在他的努力下，饶河反日游击队改编为救国军第一旅独立营，补充了物资，队伍人员大幅增加，战斗力更强了。1933年12月，独立营在虎林县战斗中，以牺牲30多名队员为代价，取得了歼灭百余敌人的重大胜利。

　　1934年2月，饶河地区救国军全部溃散，独立营再次改称饶河反日游击大队。同年7月，李学福任大队长。率部数次击退敌人的进攻，屡立战功。

　　1935年9月，饶河反日游击大队改编为东北人民革命军第四军第四团，李学福任团长。1936年11月，部队改编为抗日联军第七军后，李学福任第二师师长，后任新编第一师师长。率部战斗在同江、富锦、饶河一带，积极开展游击活动。

　　1938年1月，李学福当选为整编后的东北抗日联军第七军军长。由于部队作战频繁，随身携带手提箱有些不便，李学福就把这只曾经与他朝夕相伴的箱子交给相熟的虎林县镇江村抗日群众张成林保存。由于多年的风餐露宿，艰苦斗争，李学福积劳成疾，不久后患了严重的半身不遂，连行动都很困难。1938年8月，李学福病逝，时年37岁。

　　张成林一家一直珍藏着李军长用过的这只箱子。这只走过烽火岁月的手提箱，曾跟随李学福军长走街串巷筹集军资，曾见证过抗联将士出生入死奋勇杀敌，承载了那个红色革命年代烈士们的一腔赤诚。

　　1959年，在庆祝中华人民共和国成立10周年之际，黑龙江省军区举办大型军事展览。此时张成林已病故，他的妻子将这只老旧手提箱捐赠出来。展览结束后，省军区将它移交给黑龙江省博物馆，以后黑龙江省博物馆又把它移交给东北烈士纪念馆。　　　　　　（吕游）

夏云杰军长使用的马棒

二级文物

长 72 厘米，直径 2 厘米，竹质

这根马棒，微黄色，竹质，长 72 厘米、直径 2 厘米，根部有一麻绳拴连着，前头有 1~3 厘米破损，用麻绳固定着，看上去很陈旧，下半截已损坏了。就是这样一根不起眼的竹棒，指挥着抗联部队血战日寇，使敌人闻风丧胆，它记录着人民的好儿子夏云杰军长的战斗历程。

夏云杰 1903 年出生于山东省沂水县四十里铺金厂庄一个贫农家里。少年时代，读四年私塾后停学参加劳动。1926 年 3 月，夏云杰因不堪忍受军阀混战和连年饥荒造成的痛苦，携妻女逃到黑龙江省汤原县寻找生活出路。

1931 年九一八事变后，蒋介石顽固地执行不抵抗政策，助长了日本帝国主义武装侵略东北的气焰。1932 年 4 月 9 日日军连续轰炸汤原，侵占了松花江下游两岸的通河、依兰、汤原、佳木斯、富锦、绥滨等城镇。

在民族危亡时刻，夏云杰同志在中国共产党的号召下，在地下党组织的教育下，激起了抗日决心。于 1932 年春投入抗日斗争的行列。同年秋天，参加了中共满洲省委巡视员冯仲云在汤原县举办的学习班，成为第一批学员，提高了政治觉悟。冯仲云在与夏云杰的接触中，了解到他的身世，认为他苦大仇深，爱国热情高涨，阶级意识强烈，是一个有培养前途的骨干。经冯仲云同志介绍，1932 年 11 月，夏云杰光荣地加入了中国共产党。

1933 年 8 月中旬，汤原中心县委派干部到"青山""占中央"等义勇军中做联合工作，联合五百余人的义勇军队伍，在汤原吉兴沟成立了东北民众联合反日义勇军。8 月 14 日，东北民众联合反日义勇军进攻汤原县城，巷战 4 小时未能攻克。此战斗沉重地打击了伪政权势力，杀了日军的威风，广大民众无不拍手称快，我军士气大增。

1935 年 6 月，夏云杰在一次战斗中负伤痊愈后，积极开展政治工作。游击队员情绪饱满，与敌人进行艰苦卓绝的斗争。

1936年1月中旬，汤原反日游击总队改编为东北人民革命军第六军，夏云杰任军长，李兆麟同志代理政治部主任，冯治纲任参谋长。

为避开敌人军事大"讨伐"，夏云杰身带马棒率领部队在小兴安岭东部黑金河、格节河一带与敌人周旋，歼灭大批的日伪军。六军在战斗中不断壮大，同年5月部队发展到1200余人。9月18日，夏云杰在帽儿山参加了珠河、汤原中心县委和三、六军党委联席会议。会上成立了北满临时省委，夏云杰当选为北满临时省委委员。

11月21日，夏云杰军长带着随身不离的马棒及副官吴长江、刘铁石和少年连李连长等近百人，骑着战马到汤原县北石场沟丁大干与地方接关系，联系给养和装备。太阳快落山时，担任尖兵的李连长带两名战士骑马走在前面侦察探路，夏云杰等人刚一上山，便遭到敌人的伏击。夏军长小腹中弹，从马上跌下来，他忍着疼痛，手握马棒指挥部队反击，并告诉刘铁石说："就是我死了，也要把我的尸体带回去，绝不能让敌人得到做反面宣传。"战斗结束后，战士们把夏军长抬到山里疗伤。当时的条件很差，无医无药，夏军长的伤口不断恶化，他自知生命危险，便紧急通知参谋长和指挥员们开会，研究部队的安排事宜。因伤口严重感染恶化，1936年11月26日下午2时，夏云杰长眠在他战斗的汤原大地上，时年33岁。

夏云杰同志是汤原抗日根据地的创始人之一，是东北抗日联军第六军的创始人。他不愧为中国共产党的优秀党员，中华民族的优秀儿女，他为民族解放和共产主义崇高理想英勇献身的光辉事迹千古永存！

夏云杰牺牲后，战友们把他在战斗中使用的马棒保存起来，经过多年风雨洗礼，现如今这根将军使用的马棒，收藏于东北烈士纪念馆。

（贾书曾）

夏云杰军长使用的马棒

东北抗联战士使用的小吊锅

二级文物
直径38厘米，高11厘米
铁质，重2.5千克

这个吊锅直径38厘米、高11厘米，重2.5千克，铁质，边缘有些破损，是二级文物。它是东北抗日联军战士艰苦战斗生活的真实写照。

1931年九一八事变后，东北人民处于水深火热之中，为了反抗日本侵略者，东北人民拿起武器同日本帝国主义展开了英勇斗争。在中国共产党的领导下，东北抗日联军将士在白山黑水中、在冰天雪地中与敌人周旋，在艰苦的条件下，战士们白天吃草根、树皮，夜晚露宿在火堆旁，以顽强的毅力坚持斗争。

这个吊锅就是1935年至1938年间，东北抗日联军战士用过的"多功能"炊具。由于当时敌人对东北抗日联军实施大规模的封锁，部队经常断粮、断药，为了坚持抗战，战士经常扒一些树皮用这个吊锅煮，有时也将捕获的猎物用它煮了，改善一下生活。与此同时战士们也经常将山上的一些草药用它煮完后，为伤员治伤。这个小小的吊锅在战争年代发挥了巨大的作用，是东北抗日联军将士战斗生活中不可缺少的珍贵财产。它生动形象地说明了东北抗日联军斗争生活的艰辛。

这个吊锅在1948年东北烈士纪念馆建馆时征集入馆，成为爱国主义教育的生动教材，述说着东北抗日联军将士浓浓的爱国情怀。

（曹阳）

东北抗联战士使用的小吊锅

哈东人民革命政府印发的牛马救国捐收据

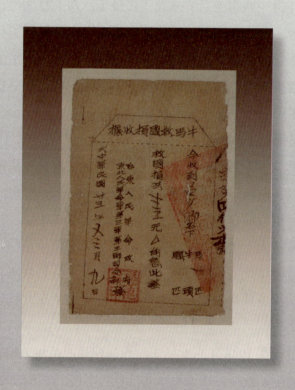

长 12.5 厘米，宽 8 厘米，纸质

这是一张长 12.5 厘米、宽 8 厘米的纸质收据，纸张虽因年久而发黄变色，文字内容和印章却依然清晰可辨。收据名头为："牛马救国捐收据"，是为吕少卿同志所捐马匹和大洋四角所开具的。上面盖有方印，收据落款为"哈东人民革命政府东北人民革命军第三军第三师司令部发"。这是抗日战争时期抗联部队印发的捐税收据，是一份各阶层群众支持抗联的实物资料。

在艰苦的抗日战争岁月里，东北抗日联军曾在游击区收过捐税，这种税收具有很强的政策性，如农民分的伪满汉奸的土地就免收地税，土地多，需多纳税，对地主、豪绅、富商还征收抗日特捐税。农民纳税的数目则非常少，大大低于日伪统治区农民的负担。这件牛马救国捐收据就是第三军三师二团政治部主任关化新于 1936 年 3 月 9 日给抗联交通员吕少卿开写的一份收据底样，让他照此填写收据。吕少卿将这张底样用报纸包好，藏在家中墙里，一直完好保存着。1959 年 7 月吕少卿把该物捐给黑龙江省博物馆，1982 年拨交东北烈士纪念馆收藏。

九一八事变之后，东北沦为日本帝国主义的完全殖民地，东北人民饱尝了被压迫被奴役的"亡国奴"之苦。激于民族义愤，东北人民和东北部分爱国官兵在中国共产党的领导、支持和影响下，奋起抵抗，组成抗日义勇军和抗日联军，进行抗日游击战争。

在孤悬敌后、极其残酷的斗争环境下，1934 年 9 月，东北反日游击队哈东支队在司令赵尚志的领导下取得了五常堡战斗的胜利，使哈尔滨东南部的珠河根据地得以巩固，抗日队伍也得以扩大。哈东支队通过整编，关化新任司令部秘书处副官处长。1935 年 1 月，哈东支队吸收地方青年反日义勇军，编成东北人民革命军第三军第一师。

1935 年冬，日伪军向珠河铁道北根据地突然发动入冬以来最大的一次进攻,在这一带活动的第三军二团因寡不敌众,遭受重大损失:关化新临危受命任二团团长,他率余部撤到道南,经过几个月的整顿补充,1936年春,二团重返道北,继续在珠河、宾县一带坚持斗争,并多次给"讨伐队"以重创。

1936年夏,关化新率部在方正一带开展游击活动,驻扎在宾县虎头山附近。日军获悉后包围了二团驻地,关化新立即指挥二团集中火力向敌人射击,并用减少火力的战略计策来诱敌,果然敌军以为我军弹尽,迅速冲到炮台下,想挖洞进到院内。而此时,二团组成的手枪队的突击队员猛地跃上墙头,打死机枪手和挖洞的敌人,快速地夺过重机枪和弹药箱,调转枪口向敌人猛烈射击。最终除五六名日军逃脱外,其余50余人全部被歼灭。此外,二团还缴获了大量武器弹药。这次战斗的胜利,不仅打击了这一带日军的嚣张气焰,还声援了兄弟部队活动的开展。虎头山战斗后,第二团扩编成第二师,关化新任政治部主任。由于抗联第三军在北满地区的英勇战斗,游击区域也不断发展扩大,日军深感抗联的威胁严重,遂称之为"治安之癌"和"心腹之患"。

1938年初,日伪军集中兵力向松花江下游两岸的游击区进行疯狂的"讨伐"。在该地区活动的二师由于缺乏粮食、弹药等军需物资,条件越发艰苦,不得不退守到人烟稀少的牡丹江西岸。同年5月,二师师长关化新率部分队伍去省委汇报工作,途中被敌人包围。作战中关化新不幸负伤,英勇牺牲,时年32岁。

这张牛马救国捐收据是东北抗日战争时期抗日联军发动爱国群众支持抗日斗争的重要证明,也是研究抗联开展经济活动和税收工作的珍贵史料,具有很高的收藏价值和教育意义。

(曹颖)

冯仲云起草的珠河县人民革命政府布告

一级文物

横 37 厘米，纵 26 厘米

纸质，1936 年春印刷

《大中华民国珠河县人民革命政府布告》用灰黄色薄纸印制，1页，横37厘米、纵26厘米，全文由右至左竖排刻写，黑色油墨印刷。标题落款均为大字，全文730字，刻印时间为1936年春。

1933年10月，中共直接领导的珠河反日游击队在三股流成立，积极开展武装斗争，夺取敌人武器，摧毁日伪据点，收缴汉奸地主武装，很快建立起以三股流为中心的游击根据地。1934年初，赵尚志率领部分游击队越过滨绥路，到铁道北开展游击活动，打击日伪势力。在抗日斗争不断取得胜利的新形势下，当地群众积极配合抗战，建立起以侯林乡、黑龙宫、秋皮囤为中心的游击根据地。

1934年夏，珠河游击区已扩展到宾县、延寿、五常、双城等地。同年7月间，珠河地区各地代表齐聚三股流开会，成立起珠河县农民委员会总会，代表们一致推选在当地较有影响力的农民党员、自卫队领导人吴景才为总会会长。珠河县农民总会行使政权职能，起着人民政府的作用，为此群众都称吴景才为"吴县长"。各地农民委员会在吴景才的领导下，担负着组织生产，拥军支前，侦察敌情，铲除暗探，传送信件，组织领导农民自卫队、模范队、青年反日义勇军等地方武装以及群众团体的工作。尤其是他所领导的地方抗日武装，在配合游击队作战、保卫根据地方面的作用更为明显，被称为"红地盘"。敌人则把这块"红地盘"说成是"共匪"的"哈东乐园"。

随着由赵尚志任军长的东北人民革命军第三军的建立和游击战争的迅猛发展，我军胜利地开辟了宾县、珠河、延寿、方正、五常、双城等六县的反日游击区，并得到广大群众的拥护和支援。日本侵略者对我军的迅速发展和反日游击区的扩大极度恐慌和不安，于是从1935年春季开始，对我军不断"讨伐"，对游击区的根据地实行"烧光、杀光、抢光"的三光政策，企图彻底断绝我党领导的抗日部队与广大人民群众的血肉联系。

　　针对敌人破坏珠河根据地后出现的新情况，珠河中心县委在铁道南召开紧急会议研究斗争方针，要求立即动员所有群众，反对敌人"归屯并户"建立"集团部落"，破坏大屯和"铁路爱护村"，破坏铁路和电线杆，消灭伪国街市、兵站和进沟里烧杀的敌人部队，保护游击区和根据地，恢复反日会和农民自卫队，派人建立新区等。县委还要求巩固和扩大游击区及人民革命军，建立民众政府，提出在 10 月底完成建立双城、珠河、延寿三个县政府的准备工作。在县委和吴景才的积极努力下，当年冬天召开了群众大会，成立了珠河县人民革命政府，吴景才被推选为县人民革命政府主席。1936 年春发布的这份《大中华民国珠河县人民革命政府布告》，揭露了日军对我根据地的残酷烧杀抢夺和实行归屯并户、保甲连坐等法西斯统治政策，号召被赶走的农民群众回到反日区、根据地来进行春耕生产。

　　此布告是珠河中心县委宣传部部长冯仲云起草，县委秘书于保合刻写油印的。这份布告在刻印上很费功夫。因是布告，不同于一般传单，字要大，笔画要粗。普通铁笔太细，于保合想办法用留声机头上的粗唱针代替。又因纸张大，钢板小，就找了一块大青石板，把蜡纸铺在上面描刻而成。在布告落款职务和年月处盖有"珠河县人民革命政府印"的红色公章，在吴景才名下盖有本人名章"吴进财印"。由此可见吴景才原名应为"吴进财"，因"进""景"二字读音相近，所以被误传为"吴景才"。此布告保存完好，无破损处。

（刘超）

金剑啸主编的《大北新报画刊》

一级文物
长28厘米，宽21厘米
纸质

东北烈士纪念馆收藏的这套残旧的《大北新报画刊》为彩色版，16开本，道林纸印制，4页或6页一本，五日刊，长28厘米、宽21厘米。封面刊名采用变形美术字，内页有照片、漫画、诗歌、剧本、小说等内容。

在日伪统治时期，哈尔滨曾公开出版发行过一份宣传抗日救国思想、很受读者欢迎的画报，它就是由东北革命文艺先驱者之一、中共地下党员金剑啸主编的《大北新报画刊》。

金剑啸，满族，原名，金承栽，号培之，又名梦尘，笔名剑啸、健硕、巴来、柳倩等，1910年生于沈阳市。他既是画家，又是作家、诗人和戏剧编导。1931年春，在上海艺术大学学习时加入中国共产党，并参加上海左翼美术家联盟和戏剧联盟组织的革命活动。九一八事变前夕被党组织派回哈尔滨，后任中共哈尔滨西区（道里）区委宣传员，参与编辑中共满洲省委机关刊物《满洲红旗》和各种宣传品，画插图、宣传画，是党内出色的画家。

1935年，他去齐齐哈尔市担任《黑龙江民报》副刊的编辑，并发表了歌颂东北抗日游击队的长诗《兴安岭的风雪》。后因组织白光剧团，公开演出进步话剧，引起日伪警特的注意，乃于1936年1月离开齐齐哈尔市，又潜回哈尔滨市。不久，他探听到日本人山本久治办的中文版《大北新报》附属刊物《大北新报画刊》，因承办人孙惠菊办得不景气，暂时停刊，想找人支持。金剑啸就和中共满洲省委宣传干事姜椿芳商量，决定接过来继续办，占据这个宣传阵地。他们找朋友集资入股，凑了200元钱，买通孙惠菊，把主编权租了过来，主编由金剑啸担任，中共地下党员姜椿芳、任震英和侯小古等参加采编。

金剑啸在道里商市街43号（今红霞街45号，原房已拆除改建）租了一间屋子，做画刊编辑部和发行部。经过一段时间的紧张筹备，新的《大北新报画刊》于1936年4月20日出版，版式为16开4页或 6 页一本的活页彩色版，五日刊。画刊被金剑啸掌握过来后，利用日本人主办、内容不受警特机关审查的有利条件，以大量的诗、文、照片、漫画等各种作品，曲折迂回地对日伪统治进行揭露、讽刺，还不时地刊登红军长征和东北抗联活动的消息。

1936 年 6 月 9 日晚，金剑啸编完第二天出版的第 11 期戏剧专号刊，突然接到苏联著名作家高尔基病重的消息，他立即把已编好的稿件抽下几篇，在第十面中间用引人注目的标题登载了《高尔基突然病危》的报道，同时在该面上部刊登了正巧已经制好的铜版——中国留学生在日本东京公演高尔基剧作《夜店》时全体演员的剧照，表示对高尔基的深切悼念。6 月 10 日画刊出版后，引起敌人的注意，日本社长山本怀疑画刊编辑部里有共产党。

此时，日伪统治当局正在秘密策划对北满共产党和抗日群众进行大逮捕，于 6 月 13 日各地警、宪、特机关统一行动。6 月 11 日晚，齐齐哈尔宪兵队给哈尔滨宪兵队发来电报，通知他们逮捕潜伏在哈尔滨的金剑啸。6 月 13 日下午，日本驻哈尔滨总领事馆高等系的便衣特务逮捕了金剑啸，封闭了画刊编辑部。金剑啸在哈尔滨被审讯一周后，又被押到齐齐哈尔，与《黑龙江民报》被捕的人员做一案审讯。他受尽各种酷刑，始终坚贞不屈，没有暴露党的关系，保护了同志，充分表现了共产党人的气节。同年 8 月 15 日，金剑啸在齐齐哈尔北门外刑场从容就义，时年仅 26 岁。

金剑啸主编的《大北新报画刊》，从 1936 年 4 月 20 日出版到 6 月 13 日被敌人查封，总共只出了 11 期。金剑啸就义后，他的家人冒着生命危险把这十一期画刊藏匿起来，1948 年献给东北烈士纪念馆。这十一期画刊在社会上早已散失殆尽，无处找到，只有东北烈士纪念馆收藏有唯一的一套，因此弥足珍贵，成为重要的革命文物。

（温宇）

韩勇义帮助赵一曼从医院逃走时使用的皮箱

一级文物
长38厘米，宽22厘米，高10厘米
棕色牛皮制作

这只小皮箱长 38 厘米，宽 22 厘米，高 10 厘米，为棕色牛皮制作。皮箱上面有两个锁，一个已经损坏，留有缝合的痕迹。

这只小皮箱的背后蕴藏着著名抗日女英雄赵一曼一段令人难忘的斗争事迹。

赵一曼，原名李坤泰，参加革命后用名李一超，在东北从事抗日斗争时化名赵一曼。1931 年赵一曼被党组织派到东北，任中共满洲省委妇女委员、满洲总工会组织部长兼哈尔滨总工会党团代理书记。1934 年，赵一曼来到珠河县（今黑龙江省尚志市）任中共珠河中心县委委员、县委特派员、妇女会负责人、中共滨绥铁道北区委书记和东北人民革命军第三军第二团政委等职。

1935 年 11 月，赵一曼在与日伪军的战斗中左腕受伤，养伤期间，又遭敌人袭击，她左大腿被打断，不幸被俘。敌人急于从赵一曼口中得到情报，就连夜在伪珠河县公署对她进行审讯。赵一曼坚贞不屈，敌人除了遭到义正词严的痛斥之外一无所获。敌人认定赵一曼是珠河县委的负责人，就把她押送到哈尔滨，关押在伪滨江省警务厅拘留所地下室。此时，赵一曼已经生命垂危，敌人怕她死去得不到口供，就把她送进哈尔滨市立医院监视治疗。1936 年 4 月，敌人为了便于审讯，把赵一曼从大病房转到了第六病房二号单人病室。

在医院期间，赵一曼把护士韩勇义和看守董宪勋作为争取的对象，寻找机会主动和他们谈话，激发他们的爱国热情，终于把他们争取过来。韩勇义和董宪勋表示愿意参加反满抗日斗争，并决定帮助赵一曼从医院逃走。韩勇义负责筹备逃走的经费和药品，董宪勋负责拟定逃走的方法和路线。准备期间，韩勇义回家向母亲要来了给她准备结婚用的金戒指和呢料衣物，卖了钱，把钱连同一部分药品装进这只从家里拿来的小皮箱里，藏到赵一曼的病床下，等待机会帮助赵一曼逃走。

1936 年 6 月 28 日夜晚，这是三人计划逃走的时间。这天晚上恰巧天下起了大雨，更增加了有利的条件。当晚 9 时，他俩把赵一曼背出医院，坐上事先雇来的小汽车，开到郊外后改用轿子抬赵一曼走。第二天到阿城金家窝棚，夜里再换坐马车。由于道路泥泞，又是在黑夜，所以走得很慢。6 月 30 日早晨，当他们走到离抗日游击区只有 20 多里的李家屯附近时，被闻讯赶来的敌人追上，又落入了魔掌。韩勇义在敌人赶来时把开小皮箱的钥匙扔进路旁的庄稼地里。敌人急于打开皮箱检查，就用匕首撬坏了皮箱右边的锁，掀开皮箱盖，掏出东西后，又把空箱子扔给了韩勇义。

赵一曼、董宪勋、韩勇义被敌人带回哈尔滨后，关押在伪警察厅拘留所。1936 年 8 月 2 日，赵一曼被押回珠河县英勇就义。董宪勋牺牲在狱中。韩勇义被关押一年多，于 1937 年 7 月获释。出狱后，韩勇义将这只小皮箱带回家中，把割坏的地方仔细修补上，一直珍藏在身边。1949 年 2 月，韩勇义在病故前，把这只小皮箱交给她的弟弟韩辉保存。1984 年，韩勇义家人将这只皮箱捐献给东北烈士纪念馆。

（衣利巍）

冷云用过的图画教材

上海大东书局铅印出版

这两本学生蜡笔画、水彩画范本和画页，是著名的东北抗日联军"八女投江"战斗事迹领导人冷云从事秘密抗日工作时，以小学教师身份为掩护的教学用的图画教材。这两本教材是上海大东书局铅印出版物，封面上盖有冷云原名"郑致民"的红色名章。

冷云，乳名郑香芝，1915年生于黑龙江省桦川县悦来镇一户贫苦市民家庭。自幼天真活泼，聪颖刚毅，而且心灵手巧，女孩儿喜欢的描龙画凤、剪纸绣花等细致的手工和针线活，她都学得很娴熟，而男孩子们奔放激烈的活动也少不了她。她十来岁进入本镇小学读书，学习努力认真。1931年春天，她以优异成绩考入设在佳木斯市的桦川县立女子师范学校。当时学校里有两位进步教师徐子良和董仙桥，他们是在关内读过书的大学毕业生，受过大革命的影响，接触了马克思主义和新文化思想。他们在讲国文课时也讲新文化运动和反帝反封建的革命精神。郑香芝很快接受了这些新思想，经常和要好的同学一起谈论老师讲的政治大事，越来越关心国家的兴衰和时局动态。当老师们讲到日本帝国主义正在加紧侵略中国东北，朝鲜亡国的悲惨情景很可能在中国重演，同学们一定要努力学习，好为振兴国家、抵御外侮而贡献力量时，她非常激动振奋，决心效法秋瑾等巾帼英雄，为中国的独立强盛和人民的解放而贡献出自己的力量。为此她庄重地把自己的名字改为郑致民(有时也写成"志民")。

九一八事变爆发后，郑致民更是义愤填膺，积极参加抗日宣传活动，揭露日本帝国主义的侵略罪行。佳木斯被日本侵略者占领后，学校里的反日活动转入地下。这时佳木斯市内建立了中共地下党组织，董仙桥等进步教师首先加入了中国共产党。随着党组织的不断发展壮大，1936年正式成立了中共佳木斯市委，统一领导抗日救国运动。党组织也有计划地培养和发展一些思想进步的爱国学生入党。1934年夏天，郑致民被批准吸收为中共党员，并组成第一个学生党小组，在学生中秘密开展抗日活动。

郑致民多才多艺，性格开朗，温文大方，善说笑话和表演，同学们说她"一身兼有男子汉和闺秀两种美德"。她尤其喜爱音乐、美术，会吹口琴、弹风琴，也能演奏长箫短笛，不仅能翩翩起舞，还是网球、篮球场上的健将。

1936年初，郑致民由学校毕业，被分配回悦来镇南门里初级小学担任二年级班主任。由于她知识面宽和教学能力强，一个人包揽了算数、语文、图画、音乐和体育等全套课程。她对学生从不疾言厉色，总是谆谆教导，耐心帮助。这些图画本就是她当时教学生用的材料。她还注意做教师的思想工作，通过谈心，宣传抗日救国思想。青年教师吉乃臣就是在她的启发引导下参加东北抗日联军的，并在与日伪军的战斗中英勇牺牲。

1937年8月，郑致民在党组织安排下参加了东北抗日联军第五军，这时化名冷云，在第五军军部做文化教育工作。后来参加五军妇女团，任小队长、政治指导员。1938年夏，妇女团随五军部队向五常西征，10月下旬返回林口县刁翎地区，在牡丹江支流乌斯浑河畔，部队与日军激战，冷云、杨贵珍、胡秀芝、安顺福（朝鲜族）、郭桂琴、黄桂清、李凤善（朝鲜族）、王惠民等8名女战士壮烈牺牲在乌斯浑河中，是为"八女投江"英雄事迹。

这套图画教材是冷云参加东北抗联时留在家里的，是烈士的主要遗物，1962年在佳木斯工作的冷云的哥哥郑殿臣将其捐献给东北烈士纪念馆收藏。冷云当年任教的悦来镇南门里小学现改名为冷云小学，以志对烈士的永久纪念。

（王振霞）

周保中将军奖给赵永新的旬表

一级文物
表盘直径4厘米，铜质，重35克

　　这块铜质旬表是抗日烈士赵永新的遗物。它记录着在白山黑水艰苦卓绝的环境里抗争的人们，坚忍不拔的革命意志和信念，代表着无数英勇的抗日联军烈士们的英魂。

　　赵永新,1913年出生于黑龙江省双城镇一个富裕的自由职业者家庭。小学毕业后，进入北平私立弘达中学学习，后考入北平俄文法政学院学习。

　　九一八事变后，东三省沦陷，赵永新积极参加北平学生的抗日救亡运动，表现出强烈的爱国情怀。1933年，赵永新毅然放弃学业回到东北，在吉东地区参加了宁安工农义务队，投身于东北人民的武装抗日游击战争中。

　　赵永新在战场上机智勇敢，沉着果断，平时善于做战士的政治思想工作。1935年，赵永新在东北反日联合军第五军一师一团三连任文化教员，后到第二师五团二连任政治指导员。1937年7月，任第五军警卫旅二团政治委员。8月16日，在桦川县(今桦南县)李红眼子东山阻击日军浅田大队的战斗中，战士与几倍于我的日伪军展开激战，由于武器与人数悬殊，抗联武装遭到重创，赵永新在战斗中壮烈牺牲。

　　赵永新在艰苦的战争环境中，以短暂的一生经受了血与火的考验，参加了无数次惨烈的战斗。1936年9月，赵永新率部在穆棱袭击日军运输部队，战斗中他缴获了一块旬表，他将这块旬表交给了第五军军部。在随后举行的庆功会上，第五军军长周保中为表彰赵永新的战功，将该旬表奖给了他。在此后的残酷战争中，赵永新始终都把这块珍贵的旬表带在身边，直到壮烈殉国。

　　1949年，周保中将军将这块烈士生前使用的珍贵旬表盛在木质棉盒内，捐赠给刚刚成立不久的东北烈士纪念馆，盒盖内有周保中将军撰写的《赵永新烈士简历》。作为中国人民抗日战争史的珍贵文物，这块旬表见证了在艰苦卓绝的环境中，英勇无畏的抗联将士为争取民族的自由解放而顽强抗争、不惜流血牺牲的精神，同时也代表了中华民族英勇不屈的民族灵魂！

（张明扬）

王学尧牺牲前穿过的西服上衣（含领尸证）

西装上衣：二级文物　长72厘米，宽48厘米
棉麻纤维质地，重771克
领尸证：一级文物　长22.5厘米，宽18.5厘米
纸质，重7克

1936 年 10 月 13 日的早晨，秋风萧瑟，落叶泛黄，被判处死刑的王学尧即将被敌人押赴刑场，在临走前，他将爱惜的西服脱下送给了狱友。在他牺牲后，难友将他的西服托人送给了他的家属。中华人民共和国成立后，他的家属把这套西服捐赠给东北烈士纪念馆。其中西服上衣是戗驳头式样，深蓝色带白竖条图案，前襟有两个黑色纽扣，身下边各一个兜，后身开口，衣里为黑色，里子绸料。

1910 年 2 月，王学尧出生于黑龙江省阿城县一个小职员家庭中，曾就读于哈尔滨法政大学。离开学校后，他从事过教师和俄文翻译工作，1932 年经人介绍加入中国共产党。之后一直参加东北抗日活动，为中国的抗日事业积极努力，贡献一生。

这套西服，是由于工作需要组织花钱给他买的，王学尧十分珍惜这套衣服，除了工作需要外从不穿它。

王学尧对党的工作忠心耿耿，只要是组织委派的任务，不管多艰辛、多危险，都努力去完成。无论到哪里，他都能密切联系群众，团结同志，依靠群众展开革命工作。王学尧在长期斗争中积累了丰富的经验，并耐心传授给新同志。如怎样散发传单、张贴标语等。他还教大家制造香瓜石炮弹，说如果遇到特务追捕，就把它投向敌人的眼睛。

王学尧生活简朴，勤俭节约，为了革命工作省吃俭用。在党的培养教育下，他更坚定了抗日救国、为无产阶级终生奋斗的信念。1935 年 2 月初，王学尧在哈尔滨的活动引起了敌人的注意。为了他的安全，党组织上派他到密山县工作。10 月，密山县党组织遭到破坏，加之父亲病重，王学尧回到哈尔滨。当时的哈尔滨正处在敌人疯狂破坏和搜捕的白色恐怖之中，满洲省委指示王学尧先在家里隐蔽一段时间，待情况稍有好转，王学尧就到翻译事务所去帮忙。由于三棵树机务段党组织成员徐凤文投敌叛变，地下党组织遭到严重破坏，敌人探知了王学尧的下落。1936 年 6 月 13 日，他和一些同志相继被捕（史称"六一三"事件）。王学尧先后被关押在日本特务机关和道里监狱，敌人对他实施严刑拷打和威逼利诱，王学尧挺刑拒供，宁死不屈，视死如归，始终坚守党的秘密。在狱中他还教难友们唱《国际歌》，鼓励他们的斗志。同年 10 月 12 日，伪第四军军管区军法处会审判王学尧死刑。王学尧被敌人拉到哈尔滨极乐寺东陆军射击场(刑场)准备行刑。他高呼"共产党万岁！""打倒日本帝国主义！"口号，并高唱《国际歌》，昂首挺胸赴刑场，英勇就义，时年 25 岁。

王学尧牺牲后，敌人通知家属认领烈士的遗体。当王学尧的父亲拿到领尸证时，流露出自豪的神情，那是对儿子为国捐躯的行为感到欣慰和骄傲的神情。他在领尸证上写下"死在光明"四个字，这就是一位父亲对儿子的充分肯定。

（李蕊）

刘兴亚用过的东北反日延方抗日救国总会印

一级文物
边长5厘米，高2.5厘米
正方形，木质，重45克

　　这是一枚木质正方形印章，以小篆字体阳刻"东北反日延方抗日救国总会"字样。边长5厘米，高2.5厘米，重45克。这枚印章看似普通，却是经历了血与火的岁月，几经曲折才得以保留下来的。

　　20世纪30年代，日本侵略者的铁蹄肆意践踏着东北大地，不甘做亡国奴的东北人民掀起了抗日救国的怒潮。随着中国共产党领导的东北抗日游击战争的发展，到1935年末，东北地区已形成了大小十几块抗日游击根据地，根据地内普遍建立起农民委员会、抗日救国会、农民自卫队等群众性抗日组织，成为东北抗日联军的有力依托。

　　1936年，在中共方正县委领导下，东北反日延（寿）方（正）抗日救国总会成立，中共方正县委书记刘兴亚任会长。刘兴亚又名张继武，家住方正县侯家屯，在任延方特支书记期间，领导建立了会发恒、南天门、得莫利、二吉利、南北堡等26个地方反日救国会组织。东北反日延方抗日救国总会就是在此基础上建立起来的，具有地方政权组织的职能，统一领导各地方抗日救国会的活动。这枚印章就是当时刻制的。由会长刘兴亚亲自保管，用来签发会员证、宣传品和征收抗日捐税的收据等。

　　为支援抗日斗争，刘兴亚领导的地方反日救国会积极为抗联筹集军需给养。仅1935年春到1936年春，就为东北抗日联军第三军运送粮食1.8万余公斤。1936年冬，刘兴亚又从会发恒区的赵功大院筹集了小米、胶鞋、黄布、猪肉等物资，由交通员刘振江转运到六道河子胡仙堂抗联第三军密营。

　　1938年，东北抗日战争进入艰苦阶段，日伪加紧围剿抗联部队，大肆搜捕地方抗日群众。由于形势紧张，刘兴亚全家决定从方正县侯家屯搬迁到延寿县北部的苗家屯。临行前他将这枚印章交给住在侯家屯的抗日救国会会员张玉昆保管。不久，敌人要在侯家屯一带实行归屯并户，张玉昆一家准备迁往河西。由于日伪关卡岗哨盘查严密，无法随身携带此印章，于是他趁着黑夜将这枚印章连同印台盒一起送到同屯的救国会会员韩景隆家，两人悄悄将印章藏在韩家房梽下面的土墙里，外面再用泥抹上。印台则由韩景隆另外存放。

　　同年秋，日伪当局施以各种手段，对中共地下党组织进行疯狂破坏。10月7日，由于叛徒告密，刘兴亚在苗家屯被伪方正县公署警务科逮捕。先后被捕的还有范景海等中共地下党员和抗日人员三四十人。在伪方正县警务科，敌人严刑拷问，逼迫刘兴亚说出地下党组织和抗日救国会会员的名单，但他毫无畏惧。敌人用尽各种手段，仍一无所获。最后伪满牡丹江法院以反满抗日罪名，判处刘兴亚和范景海7年徒刑，关押在伪吉林省监狱。1945年5月27日，刘兴亚在狱中被折磨致死，时年42岁。范景海于1945年8月日本侵略者溃败之际，与难友们成功越狱，回到方正县。

　　1955年春，当年的救国会会员张玉昆到东北烈士纪念馆看望抗联老交通员李升老人。交谈中得知东北烈士纪念馆正在征集革命文物，他想起当年刘兴亚交给他保管的印章。回到方正后，便向县长做了汇报。县领导对此事十分重视，决定将印章献交国家。当时韩景隆已迁居伊春，并将印台留给本屯互助组会计朱礼使用。5月26日，张玉昆和当年的抗日救国会会员刘贵德一起，到向阳村侯家屯韩景隆的旧宅，刨开土墙取出了印章，后来又找到印台盒，一同捐献给东北烈士纪念馆，以供陈列展出，教育后人。这枚小小的印章，走过黑暗岁月，终于重见天日，它是东北民众支援抗日联军的历史见证，也彰显出共产党人的忠贞和赤诚。

（胡凤斌）

东北抗联第六军用过的缝纫机

一级文物

长 40 厘米，宽 18 厘米，高 36 厘米

质地为铁和其他金属，重 10 千克

"辛格尔"牌缝纫机，20 世纪 20 年代美国制造

这是一台 20 世纪 20 年代美国制造的"辛格尔"牌缝纫机，脚踏式，由铸铁和其他金属制造，比一般的缝纫机体积大。机头内部件已经锈坏，挑线杆断缺，机头外形却完好，表面黑漆已大部分脱落，商标上的"USA"字样仍清晰可见。它是 1936 年的春天东北抗日联军第六军在一次攻打集镇的战斗中从敌人手里缴获的，是东北抗联艰苦斗争的历史见证，为近几年出土的一件重要革命文物。

1936 年东北抗日联军第六军在依兰以北汤原游击区动员张世臣和一位姓李的两位裁缝师傅参加抗联队伍。后来，两位裁缝师傅带着木尺、剪刀，背着这台缝纫机，向北走到伊春山区汤旺河沟里，在那里建起了六军被服厂，厂长为裴成春（女，朝鲜族，共产党员，同志们都亲切地称她裴大姐）。1937 年 2 月，被服厂遭到破坏，组织命裴成春带领十几名同志到四块石山上重建被服厂。在搬迁途中，张师傅把机头装在麻袋里背着，夜里钻树林子，碰断了挑线杆。到四块石山后，一位铁匠王师傅把断了的挑线杆用子弹头压接上去，使缝纫机依然可以使用。这台缝纫机特别能吃厚，被服厂的女同志们都很喜爱它，用它给抗联战士们做了大量的棉衣和子弹带。

被服厂的同志们初到四块石山，困难重重，没有厂房，没有住处，裴成春带领大家，自己动手，很快建成一座木刻楞厂房。厂房建成后，立即投入军服生产。前方部队攻打敌人的仓库缴获的军用布匹，由部队运进厂内，加工成军服、军帽等。军绿色布料不够用，她们就把缴获敌人的白布用柞树和黄菠萝树皮煮水染成黄色制作军服。六军被服厂制作的军服基本上就是军绿色和黄色。制作军服时张师傅和李师傅负责剪裁，其他同志用几台缝纫机缝制。夜里干活没灯，就点燃松树明子照亮，每个人的脸都被松脂烟熏黑了。有时敌人封锁严，群众送不进粮食，她们就挖草根、剥树皮充饥。经过日夜苦战，终于赶在寒冬来临之前，将做好的新棉衣送到队伍里。战士们穿上自己被服厂生产的棉衣，心情格外喜悦，战斗情绪更高了。

1938年3月上旬，被服厂得到敌人进山"讨伐"的情报，决定转移。裴成春带领大家把这台"辛格尔"牌缝纫机和其他几台缝纫机背到离被服厂较远的四块石山附近的树林里，分几处埋藏起来。3月15日凌晨，日伪军突然袭击被服厂，裴成春率领同志们顽强战斗，打退了敌人数次进攻，激战中张世臣、李师傅为了掩护同志们英勇地牺牲了，夏军长的妻子和另外一位女同志也在战斗中牺牲，裴成春带领李敏等同志冲出了敌人的包围，转移到格节河密营。

1975年秋，依兰县丹清河林场森林调查队在帽儿山西侧四块石山东北沟调查森林资源情况时，发现了这台缝纫机的架子、皮带轮和脚踏板。第二年秋天，又在该处的山坡上发现了半埋在土里的机头，工人们把它交给了依兰县文物管理所。1978年7月移交东北烈士纪念馆陈列展出。后经黑龙江省政协副主席李敏同志（原抗联六军四块石被服厂女战士）辨认、回忆，确认此缝纫机就是她当年亲手使用过的那台抗联第六军四块石被服厂中不同寻常的美国造"辛格尔"牌缝纫机。

（程艳）

东北抗联独立师七星砬子兵工厂的机床

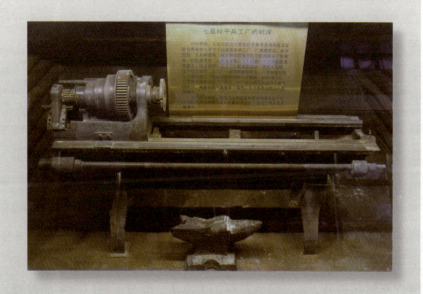

一级文物

机身长 205 厘米，高 24 厘米

机头长 37 厘米，宽 35 厘米，高 70 厘米

脚架高 58 厘米

在东北烈士纪念馆的三楼展厅里，陈列着一件大型文物。这件文物是一台机床，机身长 205 厘米，高 24 厘米；机头高 70 厘米，长 37 厘米，宽 35 厘米；脚架高 58 厘米。它就是东北抗联后方兵工厂使用的机床。整个机床形体完整，但部件残缺，并已锈蚀。它是东北抗联战士不畏艰难，自力更生制造军工产品的历史见证。

1936 年夏，中共吉林省委将原祁致中领导的部队改编为东北抗联独立师，祁致中任师长。不久，独立师决定在位于桦川县东南的七星砬子群山里建立一座秘密的兵工厂。这一年的秋天，修械、弹药、制枪三个车间的厂房分别建立起来，这时寻找机器、工具、原料就成为当务之急。经地方党组织的帮助，在佳木斯城里一家铁工厂找到一台旧机床。工厂立即派从奉天兵工厂来的工人胡志刚带人前去购买。日伪统治时期购买这类机器不仅需要现款，还需要三家铺保。现款由地方抗日救国会筹集，铺保却很难找到。祁致中师长得知这个情况后，派警卫员去佳木斯找一位刻字的朋友，刻了 3 家商店的图章，造了保条，买了这台机床。在地方抗日组织的帮助下，他们把机床拆开，装在满载谷草的大车上，混过了城门岗哨的检查，拉到了夹信子街，然后装上马爬犁运进山里。

兵工厂的筹建和生产困难重重。这台机床的运转需要电来做动力，山里没有电，工人们就把缴获的汽车发动机安装起来，烧油发电。断油时，工人们就在山沟里筑水坝，用水轮带动发电机发电。最困难的时候工人们把大铁轮安装在木架上，挂上皮带，几个人轮换着用人力摇动，使机头旋转，生产枪支部件。就是在这样简陋的条件下，兵工厂竟然在一个月的时间里生产了 100 支名叫"匣橹子"的手枪以及后来能打三八子弹的直把轻机枪。这些武器被及时地送往部队，补充了部队弹药消耗，加强了部队作战能力，鼓舞了士气。七星砬子兵工厂成为东北抗日联军的一个重要后方基地。

1938 年 2 月，因叛徒告密，敌人派出大量部队袭击七星砬子兵工厂，护厂战士和工人将机床拆成零件埋藏起来后，同日伪军展开了激烈战斗。子弹打光了，就用石头砸，滚木轧。最后，残暴的敌人施放了毒气，整个山头被烟雾笼罩。七星砬子兵工厂除 3 名负伤战士提前下山外，其余几十名护厂战士和工人一直战斗到最后，为中国人民的解放事业献出了宝贵的生命。

1955 年初冬，黑龙江省博物馆和东北烈士纪念馆文物征集人员，由曾在七星砬子山里活动过的原东北抗联第三军的张凤岐和熟悉七星砬子兵工厂遗址的石金生老人做向导，在兵工厂遗址附近挖出了这台机床和一些零部件。它将作为这段历史的见证，永远珍藏在我们的心中。

（王健）

东北抗联独立师七星砬子兵工厂的机床

张宗兰刻写文件时用的铁笔

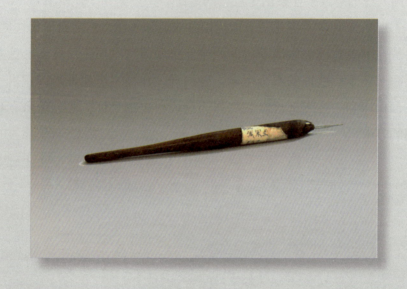

二级文物
长 17 厘米
旧式木杆，铁质笔尖，重 25 克

这是一支刻蜡版用的旧式木杆铁笔，长 17 厘米。木质笔杆前粗后细，上面的油漆已经斑驳，铁质笔尖像一根粗针。从这支笔的陈旧程度来看，它的使用者生前使用它的频率非常高，因为是刻蜡片用，为了字迹清晰，可以看出写字的时候握笔很用力，手上的汗水浸透了木笔杆，使得部分油漆松动脱落，这才形成了斑驳的痕迹。这支笔的主人就是抗日女烈士张宗兰。

1918 年，黑龙江省双城镇一户普通农民家诞下了一个女孩，取名张宗兰。高小毕业以后，家里催促她嫁人。张宗兰读了书，视野变得开阔，自然不愿早早嫁作人妇在家务农，而是更渴望继续求学有自己的一番作为。这种热情使得她只身一人于 1934 年春坐火车来到佳木斯，投奔在桦川县中学任教的二哥张耕野，并进入这所中学读书。

张宗兰的二哥二嫂不只是普通教员，他们秘密加入了中国共产党，投身革命事业。桦川中学是佳木斯革命活动的中心，许多爱国青年在这里受到党的教育。当时，张耕野任桦川中学地下党支部书记，他的家也成为党组织经常活动的地点。在家庭的熏陶下，张宗兰很快走上了抗日救国的道路。1935 年，她光荣地加入中共党组织，投身于革命洪流，在斗争中日渐成熟。1936 年冬，佳木斯市委成立，张宗兰被选为市委领导成员，担任妇女部长。她积极动员和组织桦川中学的女学生为抗联部队购买、运送防寒物资、印刷器材、药品等。

1936 年末张宗兰中学毕业后，中共佳木斯市委，决定派胆大心细的她潜伏在伪桦川县公署做情报工作。张宗兰利用求职的机会，进入县公署做日本参事官文书，这是一件极其危险随时会送命的差事，可她果敢地承担起这个任务。她的职务使她可以经常看到一些日伪军的机要文件、报告和信件等，她留心记住，或迅速摘抄，有时也会冒着生命危险把重要文件偷偷带回家复写、刻印，往往通宵达旦地忙碌。

在那些紧张不眠的夜晚，伴随张宗兰的就是这支铁笔，她用它刻写下一页页救命情报。因为她的情报，地下党员宋绍景和进步教员孙海荣提前转移逃过一劫；也是因为她的情报，我军及时拦截被日军投毒的粮食，避免了重大伤亡；还是因为她的情报，汤原等地抗联部队提前做好了准备，避开了日军的突然袭击。

1938年3月，张宗兰和二嫂为了躲避敌人对地下党组织的大规模破坏，在向老家转移的途中被特务盯上了。特务从佳木斯一路尾随二人到哈尔滨。在哈尔滨市道外区的小客栈里，几个特务将二人逮捕，并当场摔死二嫂的孩子，阴狠毒辣手段残忍。张宗兰和二嫂被迫服毒自杀。张宗兰牺牲时年仅20岁。

这支有着特殊意义的铁笔，是张宗兰的战友从她的家中找到并保存下来的。1948年捐赠给东北烈士纪念馆收藏陈列。如今，它静静安放于东北烈士纪念馆的展厅内。凝视这支陈旧的铁笔，我们仿佛可以看到那个在暗夜中勇敢战斗的革命少女，既坚贞又执着。

（吕游）

吕大千的名章和自动铅笔

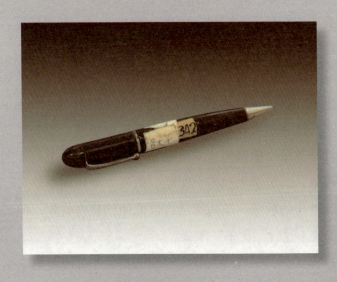

这枚名章为白色，石质。自动铅笔为黑色。这两件物品是著名抗日烈士吕大千的重要遗物。

吕大千，名吕树俊，字大千，1909 年生于宾县，1924 年考入宾县中学。他经常利用课余时间阅读进步书刊，接受进步思想，关心国家政治大事。五卅惨案发生后，宾县中学的爱国师生积极响应和声援上海工人的反帝斗争，吕大千成为学校反帝爱国运动的组织者之一。他发挥自己善于绘画、书法的特长，挥笔书写反帝标语，画反帝漫画，被大家赞誉为爱国人士。1927 年吕大千考入哈尔滨第二中学读高中，仍积极参加反帝爱国斗争。1928 年 11 月因参加反对日本帝国主义在东北强修五条铁路的哈尔滨学生示威大游行，遭到反动当局的镇压并被开除学籍，他被迫回到宾县当小学教师。为了进一步提高文化水平和寻求救国真理，吕大千在亲友们的资助下，于 1929 年考入北平民国大学读书，在那里他参加了中国共产党领导的革命群众组织反帝大同盟。1930 年底毕业后，他回到故乡宾县，就任宾县中学讲育主任和语文教员。

1931 年九一八事变后，吕大千和图画、音乐教员李梦久一起，组织学生成立抗日宣传队到哈尔滨进行街头讲演，散发传单。不久哈尔滨和宾县相继被日军占领，吕大千义愤填膺，加紧鼓动学生进行抗日救国斗争。他就用这支自动铅笔亲自起草、书写、刻印抗日标语、传单，组织学生到街上张贴、散发。他还同李梦久一起组织学生开展进步的歌咏、绘画活动，以此团结教育青年。他画的美术作品，都盖上这枚"大千"印章。

1933 年 2 月，一直寻找我党组织的吕大千，经他的学生共青团员季汉兴介绍见到了中共宾县特支组织委员李熙山。李熙山早就了解吕大千的革命活动，当即介绍他加入中国共产党，从此他肩负起更多的革命重任。同年夏，吕大千担任中共宾县特支宣传委员并兼任宾县中学地下党支部书记。

1936年8月，吕大千被中共珠河中心县委任命为中共宾县特支副书记。当时，日本侵略者不断强化法西斯统治，对中共地下党组织加紧搜查和破坏。1937年4月15日，日伪警特在哈尔滨、滨绥、滨北各铁路沿线及各城市进行疯狂的大搜捕，制造了血腥的四·一五惨案。5月13日下午，几个日伪特务闯进宾县中学，踹开教师办公室的门，用手枪逼住正准备上课的吕大千。当他们拿出绳子要捆绑时，吕大千厉声说："用不着这个，走！"然后轻蔑地一笑，拿起一本《三国演义》，泰然潇洒地走出办公室。

吕大千被带到伪宾县管务科特务股审讯，要他说出党的组织，吕大千装作不明白，说敌人是"欲加之罪何患无辞"。日特警长叫翻译带变节的人来对证。这时吕大千突然发现墙角处戳着一把日本军刀，他的心猛地一跳：何必坐着等死，不如先杀了这个家伙，也算报了仇！他想到这，趁日警长脸向外看时，便一步跳过，抓住刀鞘，"唰"地抽出了刀，迅猛地向那家伙脑袋劈去。日警长顿时吓得脸无血色，一边躲闪，一边"嗷嗷"怪叫。几个特务闻声冲进来，吕大千见杀敌不成，便决心以死报国，愤然收刀，用力往项下一抹，当即鲜血流淌，昏倒在地。敌人为了从吕大千口中得到重要情报，找来医生抢救他。待他苏醒后，把他和捕到的人连夜用大卡车押送至伪滨江省警务厅，关押在哈尔滨道里监狱第四监。为了鼓舞难友们的斗志，他作诗育人，把夺刀杀敌的事吟诗一首，抒发豪情："利用寇刀杀寇仇，一腔义愤不日休。纵然没有脱身计，那肯涕零学楚囚！"在狱中他受尽酷刑折磨，但始终坚贞不屈。

1937年7月21日，年仅28岁的吕大千在哈尔滨太平桥圈河敌人刑场英勇就义。他的这枚名章和自动铅笔，是同志们为纪念他而保存下来的，后捐献给东北烈士纪念馆陈列展出。　　（贾立庆）

余益元荣获的红军十周年纪念章

二级文物
长4.5厘米，宽3.5厘米
铜质，重17克

东北烈士纪念馆珍藏着一枚抗日战争时期余益元荣获的红军十周年纪念章。纪念章为铜质，长 4.5 厘米，宽 3.5 厘米，呈五角星形状，白底红边。纪念章的上方铸有黄色的镰刀斧头图案，正中是一名战士骑马吹军号向前跃进的红色图案，下部铸有"1927—37 红军十周年纪念章"的文字。因磨损锈蚀，纪念章红色漆面大部脱落，但整体保存完好。

这枚纪念章是为纪念中国工农红军成立十周年（自 1927 年 8 月 1 日起），由红军总部在 1937 年 9 月设计、制造，并颁发全军的。获得者必须是 1937 年 7 月前红军正规部队在编人员。为了国共合作，实现中国抗日统一战线的大局，1937 年 8 月 22 日，红军改编为八路军，从此红军编制不复存在。由于当时许多红军战士比较反感戴青天白日帽徽，对红军的光荣称号怀有深厚感情，因而对这枚纪念章尤为珍视。它承载着红军的光荣历史，也是红军战士忠诚信仰的象征。

余益元是红军中一位优秀的政治干部。他 1907 年出生于湖南省醴陵县。早年在江西萍乡安源当煤矿工人，参加过安源路矿工人大罢工。1930 年在安源参加中国工农红军第四军，同年 10 月加入中国共产党。历任红四军特务连副班长，红军总司令部警卫连排长、政治指导员，中央机关直属部队党总支组织委员等职。1933 年进入红军大学第一期学习，结业后在红五军团、红九军团工作。参加过中央苏区历次反"围剿"作战。1934 年 10 月随中央红军长征。1936 年 9 月任红三十二军第九十六师政治部主任，同年 11 月进入中国抗日红军大学第三科学习。

1937 年全国抗战爆发后，余益元被党组织派往冀西开辟工作，发动群众，建立抗日武装，参加敌后抗日游击战争。1938 年后历任八路军第一二九师东进纵队兼冀南军区第四支队参谋长，第一二九师随营学校政治主任、教导员。1940 年当选为中共七大代表。同年

余益元荣获的红军十周年纪念章

4月到延安，先后进军政学院、中共中央党校学习。1943年任中国人民抗日军政大学第一大队政治主任。1945年出席了中国共产党第七次全国代表大会。

抗战胜利后，余益元随干部团到达东北。1946年3月，任东北民主联军工兵学校政治委员。7月，带领全校教职员由通化迁往北安的途中，在吉林省抚松县大营区海青岭因汽车失事牺牲。后被追认为革命烈士。

这枚纪念章看似普通，却有独特的历史价值。1927年至1937年是中国历史非常时期，中国共产党领导中国工农红军排除万难，坚持救国的红色理想，为国民革命注入新的血液和希望。余益元在此期间投身革命事业，出生入死，排除万难，迎来了中国工农红军成立十周年的纪念日。这枚纪念章是余益元同志理想信仰和革命生涯的见证，1948年由东北军区拨交给东北烈士纪念馆。

（殷晓实）

东北抗联第六军第五师使用过的大土炮

二级文物
长 120 厘米，口径 10 厘米，铁质

东北烈士纪念馆收藏着这样一件文物，它长120厘米、口径10厘米，铁质，为东北抗日联军第六军第五师曾经使用过的大土炮。该文物被定为二级文物。

1937年2月2日，东北抗日联军第六军司令部在汤原境内召开了军政联席扩大会议。中共北满临时省委书记冯仲云、下江特委书记白江绪、六军代理军长戴鸿宾、参谋长冯治纲等出席会议。与会者认真地讨论了东北抗联第六军处于转折时期迫切需要解决的问题，一致拥护中共北满临时省委、东北民众反日联合军总司令部共同提名戴鸿宾任东北抗联第六军军长的决定。同时也指出加强抗联各军之间团结的重要性，以推动下江抗日斗争形势蓬勃发展，为争取全国抗日战争的早日胜利，绝不辜负党和人民的期待，要加强团结，努力提高政治、军事水平，把东北抗联第六军建成铁军。

1938年，东北人民的抗日斗争进入艰苦时期，东北抗日联军第六军第五师在富锦县别拉音子山与伪第四军营区教导队进行了第二次交锋，俘敌百余名，缴获重机枪1挺、轻机枪2挺、步枪百余支。冯治纲在绥滨三间房集结了东北抗联第六军第五师300余人的队伍，对于换防的伪靖安军及其家属300余人进行了一次激烈的伏击战。此次战斗俘敌官兵七八十名，歼敌30余名，缴获轻重机枪、子弹和给养甚多。

1938年2月，东北抗日联军第六军军长戴鸿宾指挥三、六军共400人的队伍攻击萝北县城。六军参谋长冯治纲指挥东北抗联第六军第五师队伍，在绥滨至三间房公路旁，伏击了伪满洲国国境边防警察队，300余名伪警察及家属大部分被我军俘虏。抗联部队袭击宝清镇胜利后，又以迅雷不及掩耳之势袭击富锦镇获胜，此举更加激起了富宝游击区军民的抗日斗争热情。

在绥滨、富锦、同江境内活动的东北抗日联军第六军第五师异常活跃，经常以团为独立作战单位，破坏敌人的运输线，阻碍敌人推行"集团部落"的实施，五师师部率领一、二团在古城岗伏击了日军德田指挥官指挥的伪警察、自卫团联合"讨伐队"，激战30分钟，打死打伤敌人30名。我军士气大振，所向披靡，所到之处，敌人闻讯而逃。五师政治部主任高玉斌对伪警察署长王春阳进行了争取工作，使其幡然悔悟，看清了全国的抗日前途，下定决心遣散了伪警察，携带20余支步枪参加五师。这时，日军板坂部队进入绥滨，汤萝绥游击区受到了严重威胁，五师不能与返回汤原游击根据地的六军军部及时取得联系，仍处于孤军作战的困境。为了摆脱敌人残酷的进攻，五师师部率领一、二团移至江南富锦县境活动，年底联合第十一军一师李景荫部队，在别拉音子山伏击了伪军第四军营区教导队，经半小时激战，我军以猛烈的火力打乱了敌人的阵脚，敌人除10余名被我军击毙，其余全部举手投降。我军缴获三八式轻机枪两挺、步枪60余支。

这门1937—1938年东北抗日联军第六军第五师在萝北蒲鸭河密营使用过的大土炮，反映了东北抗日联军第六军的艰苦斗争，对研究东北抗联历史有一定的参考意义。1986年，东北烈士纪念馆从萝北县军川农场征集入馆收藏。

（王振霞）

东北抗联第六军第五师使用过的大土炮

东北抗联第二路军总指挥部参谋处印

一级文物

长 10.5 厘米，宽 1.5 厘米，高 4 厘米

木质，重 45 克

该印章木质，棕色，呈细长条状。长 10.5 厘米，宽 1.5 厘米，高 4 厘米，重 45 克，四周无边框。印文为阳刻隶书"东北抗日联军第二路军总指挥部参谋处"。印章顶部有一阴刻"上"字。侧面是不规则梯形，表面不甚平整，有刀刻痕迹。由原东北抗日联军第二路军总指挥兼政委周保中将军于 1951 年捐赠给东北烈士纪念馆。

1937 年 9 月 29 日，在依兰县四道河子召开了中共吉东省委常委工作会议，决定成立东北抗日联军第二路军筹备委员会，组成第二路军总指挥部。原东北抗日联军第五军军长周保中任总指挥，赵尚志任副总指挥（第一次伯力会议时任命），崔石泉任参谋长，王效明任参谋处长，黄玉清任政务主任。第二路军总指挥部以第四、五、七军为基础，团结第八、十军，联络东北义勇军、救世军和二军五师共同开展抗日斗争。主要活动区域为松花江右岸、乌苏里江左岸、牡丹江流域及中东铁路东段 20 余县。第二路军还成立了教导队，为所属各部培训了 400 多名学员，提高了部队的政治、军事素养和战斗力。第二路军在总指挥周保中的率领下，克服种种困难，同日伪军进行了长期的艰苦斗争，给日伪军以沉重打击。

从 1937 年底开始，日伪军以 5 万余人的总兵力，妄图包围下江地区的抗联各军，一举"聚歼"。为粉碎敌人阴谋，迅速跳出敌之合围圈，打通与其他抗联部队的联系，1938 年 4 月，中共吉东省委决定第二路军主力西征。

西征部队共计 680 余人。7 月 2 日，在第四军军长李延平、副军长王光宇的率领下，首先袭击牡丹江左岸三道通，突破日军防线，再经四道河子、三道河子，越过老爷岭，穿过 150 公里荒无人烟的深山密林，8 日进入苇河县境内。12 日拂晓，出敌不意地攻占苇河县东北的楼山镇，毙伤俘日伪军 140 余人，缴获机枪 2 挺、步枪百余支、子弹万余发和大批给养，及时补充了部队军需物质。

　　楼山镇战斗后，已被惊动的日军调集兵力，进行围追堵截。西征部队调整部署：第五军第一师第二团、教导团等部返回牡丹江后方基地；第四军主力与第五军其余部队则分路继续西征，向五常方向进发。其后，西征各部几经辗转，相机分合，沿途与敌军连续战斗，伤亡惨重。

　　8月下旬，第四、第五军远征部队于五常县再度分散活动。仅剩百余人的第四军，隐蔽在五常县冲河山里，9月下旬，被日军包围，激战中部队失散，李延平、王光宇光荣牺牲。第五军部队在强敌围追下，活动艰难，决定东返。10月下旬，该军第一师撤至林口县乌斯浑河柞木岗山下露营，被敌发现，遭到突袭。随该师行动的第四、第五军军部妇女团冷云等8名女战士，为掩护部队突围，背水而战，路尽弹绝后，她们宁死不屈，手挽着手，毅然跳下滚滚的乌斯浑河，以自己的热血和生命谱写了"八女投江"的悲壮诗篇。

　　11月初，第五军突围部队返回后方基地。至此，第二路军的西征全部结束。西征部队战斗百余次，毙伤日伪军1000余人，有力地策应了东北抗日联军其他部队的游击作战。

　　东北抗日联军第二路军总指挥部参谋处印章是当时参谋处用于签发各种命令、文件、信件、宣传品使用的印鉴。它有力地说明了在中国共产党领导下的东北抗日联军组织机构是健全的，是各自行使其职权进行工作和斗争的，是东北抗日联军艰苦斗争的历史见证，对研究第二路军历史具有重要价值。

（负占军）

杨靖宇将军使用过的名章

二级文物
长 1.5 厘米，宽 1.5 厘米，高 3.5 厘米
石质，重 8 克

此名章为黄色方形石质，呈立方体，长 1.5 厘米、宽 1.5 厘米、高 3.5 厘米，刻楷书"杨靖宇印"四字。

杨靖宇是东北抗日名将，原名马尚德，1905 年 2 月 13 日出生于河南省确山县李湾村一户贫苦农民家里。他从小就热爱劳动人民，仇恨反动势力。在学校读书时，积极参加反帝爱国运动，1926 年秋，加入中国共产主义青年团。

1927 年 4 月组织确山农民大暴动，6 月 6 日加入中国共产党。后到开封、洛阳等地从事地下工作。1929 年初到东北工作，任中共抚顺特支书记，曾发动抚顺煤矿工人大罢工。后被捕入狱，受尽酷刑始终坚贞不屈，表现了共产党员崇高的革命气节。

1931 年九一八事变后，杨靖宇被党组织营救出狱，到哈尔滨进行抗日斗争。先后担任东北反日总会会长、中共哈尔滨市委书记兼满洲省委军委书记、省委委员等重要职务，积极开展抗日救国活动。

1933 年春，中共满洲省委派他到吉林省磐石县巡视整顿游击队和党组织。他积极贯彻党的统一战线政策，将红军抗日游击队改编为东北人民革命军第一军独立师，他任师长兼政委。他指挥部队与日本侵略军进行过无数次战斗，取得了很多胜利，曾受到党中央和毛主席的高度评价和赞誉。

1940 年 2 月 23 日，在吉林省濛江县（今靖宇县）保安村西南三道崴子山上与日伪军进行激烈战斗，壮烈殉国。

这枚印章就是杨靖宇将军生前指挥部队作战，签发文件、命令用过的。在 1948 年东北烈士纪念馆建馆时，该印章被征集入馆保存。

（王艳秋）

冯治纲使用过的匣枪

一级文物
长 28 厘米，宽 15 厘米，厚 3 厘米，
重 1.2 千克，枪号 113686
德国造毛瑟匣枪

　　这支德国造的毛瑟匣枪，长 28 厘米，宽 15 厘米，厚 3 厘米，重 1.2千克，枪号 113686。这支有些锈蚀的匣枪的主人就是著名的东北抗日联军将领冯治纲。

　　冯治纲 1908 年出生于吉林省怀德县三区（现南崴子镇）大榆树村的一个农民家庭里。1909 年，已无立锥之地的冯治纲全家逃荒来到黑龙江省汤原县居住，过着饥寒交迫朝不保夕的生活。后来务农的冯治纲被格节河金矿的刘纪三经理聘请当上了管账先生。

　　1932 年 2 月 20 日，一支由四五十人组成的中共汤原县委宣传队敲锣打鼓来到格节河金矿。宣传队由能歌善舞的朝鲜族队员组成。在矿务局大门前广场上，近千名矿工围坐在周围观看演出，宣传抗日救亡的歌声在格节河金矿上空飘荡。冯治纲也在群众中饶有兴趣地看着听着，认真思索着，他下定决心要为抗日救国做出一番贡献。1932 年冯治纲得到了刘纪三经理的许诺拉起了一支抗日武装，并配备了这支匣枪和一些枪支弹药。在以后的大小战斗中冯治纲英勇善战，很快得到了大家的拥戴。1933 年，中共汤原县委负责人根据冯治纲能文能武、智勇双全的特点，决定把冯治纲带的队伍命名为"文武队"。从此，冯治纲率领"文武队"驰骋于汤原抗日根据地，有力地配合了党领导的汤原游击队的抗日斗争。1934 年，冯治纲率部加入汤原游击队。1936 年 1 月，汤原游击总队改编为东北人民革命军第六军，冯治纲任参谋长。不久，他又光荣地加入了中国共产党。

　　1937 年 5 月 18 日夜，汤原县城被黑暗笼罩，时间刚刚过零点，早已埋伏在城外的冯治纲看见打入汤原伪满警察队内部的同志发出的信号后，把手中这支驳壳枪一挥，率先向城内冲去，战斗中击毙日伪官吏 10 名，罪大恶极的伪县公署日本参事官被打死。这次战斗缴获迫击炮 3 门、轻机枪 3 挺、长短枪 60 余支、子弹 3000 余发、马 35 匹，取得很大战果。

1938年8月上旬，冯治纲率领首批西征部队向小兴安岭西部地区进行战略转移，9月抵达海伦。1939年9月18日，冯治纲指挥部队攻克讷河县城。同年末，中共北满省委任命他为东北抗日联军第三路军龙江北部指挥。上任之日，他召集全体指战员发表就职宣言："誓率所部抗日战士与日寇周旋于龙江旷野，促使日寇早亡，复我中华领土⋯⋯"1940年2月4日，冯治纲和王钧率领一队骑兵来到阿荣旗北部的三岔河中游五架子屯，被一支日本关东军正规军部队发现，在激烈的战斗中冯治纲不幸牺牲，时年仅32岁。他以自己的赤子情怀、卓著战绩，在东北抗战史和抗联军史上写下了可歌可泣、感天动地的壮丽篇章。

　　这支匣枪是冯治纲生前非常喜爱并常用的武器，跟随他历经了上百次大小战斗。1939年12月冯治纲带队过嫩江，把这支匣枪交给警卫员胡青云携带。因天黑，队伍又是分散行军，很多战士都掉队了，胡青云也与部队走散了，他就隐藏在一个达斡尔族村，将枪埋藏起来。抗战胜利后，胡青云又把枪取出，组织了一支队伍参加了剿匪斗争。在一次战斗中，胡青云负伤被送进医院，他把这支匣枪交给了组织。1948年东北烈士纪念馆建馆时将此枪征集入馆永远珍藏起来。

（程艳）

冯治纲使用过的匣枪

东北抗联第二路军第二支队缴获的轻机枪

一级文物

长 120 厘米，宽 16 厘米

铁质，重 13 千克

捷克式机枪　枪号 6419

这是一挺捷克式机枪,直把,枪号6419,整体完好,枪机部分锈蚀。

1937年七七事变爆发后,中国东北成为日本全面侵华战争的战略后方基地,东北的抗日斗争成为全国抗战的一个组成部分。东北抗日联军为配合全国作战,钳制日军入关,广泛开展抗日游击战争,主动出击,袭扰、破坏敌人兵站、仓库和交通,歼灭、牵制敌人有生力量,掀起了新的抗日斗争高潮。日本侵略者为确保其侵华战争后方基地的稳固,进一步加紧了对东北的法西斯殖民统治,采取极端毒辣的所谓"匪民分离"政策,强迫游击区群众"归大屯",进入"集团部落",进行经济封锁,割裂了抗联与民众的联系,断绝了抗联部队衣、食等物资来源。军事上,日本侵略者纠集用现代化装备武装起来的大批日伪军不断向抗联展开疯狂、猛烈的大"讨伐",使抗联游击根据地丧失,兵力损失严重却得不到补充,武器弹药奇缺。1938年后,东北的武装抗日斗争进入极其艰难的境地。

东北抗联孤悬敌后,得不到任何外来军需物资的支援。为打击消灭敌人,枪支、弹药、食物等必需品只能依靠战斗,以战士的鲜血甚至生命为代价,在战场上从敌人的手中夺取。

1940年4月,按伯力会议将抗联各部改编为支队的精神,东北抗日联军第七军改编为东北抗日联军第二路军第二支队,原第七军一师师长王汝起任支队长兼第一大队队长。王汝起带领二支队第一大队进入同江、富锦和抚远地区积极开展游击活动。在敌人严密封锁、部队军需供应几乎断绝的情况下,克服重重困难,以顽强的革命意志,化整为零,转战于乌苏里江沿岸和完达山脉之间。

4月28日,王汝起率部袭击了饶河县佛寿宫,俘虏7人,缴枪7支、子弹700余发。5月,王汝起率部30人进军富锦、同江、饶河三县交界地区的大旗杆。途中得到消息,饶河县大岱河驻有30余名伪森林警察,他们每天巡逻至距大岱河5公里左右的秃头山附近的花砬子木场，监视伐木工人作业。王汝起决定在秃头山东南方的一片树林里伏击这股敌人，以解决部队的弹药和给养。5月24日晨，敌人进入伏击圈。经过一个多小时的激战，打死敌人5人，击伤3人，俘虏9人，余者溃逃。缴获轻机枪1挺、步枪17支、子弹700余发。不幸的是，支队长王汝起在作战中英勇牺牲，以年仅35岁的美好生命为代价，给当时武器弹药奇缺的第二支队暂时解了燃眉之急。在以后的多次战斗中，第二支队的战士用它们给敌人以有力打击。

为保存实力，坚持长期斗争，根据上级指示，1940年11月末，第二支队转移去苏联进行野营整训，这挺缴获于敌人之手的轻机枪完成了它的历史使命，被埋藏于饶河县城西石场山的一个岩洞里。1959年4月，根据原第二支队副队长刘雁来提供的线索，东北烈士纪念馆文物征集人员找到了此枪，将其陈列于东北烈士纪念馆展厅，成为见证那段艰苦卓绝岁月，讴歌东北抗联顽强拼搏、不畏牺牲精神的历史实证。

（孙桂娟）

东北抗联第五军使用过的油印机

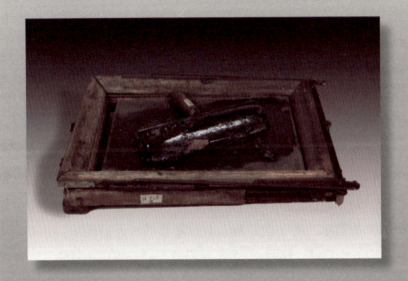

一级文物
长 46 厘米，宽 35 厘米，高 8 厘米
铁、木结构

这是一台陈旧的油印机。长 46 厘米，宽 35 厘米，高 8 厘米，铁、木结构，有放纸的玻璃板，木杠有些腐蚀，已破损，但整体保存较好。它就是当年东北抗日联军第五军第二师赫子臣连长所在部队，在五常县老爷岭密营活动时印发文件和宣传品时使用的油印机。

被誉为龙江第一大山的老爷岭，占地 10 万平方米，为拉林河上游源头之一，独特的气候条件和自然环境造就了山中千姿百态的植被景观。但在抗日战争时期只要一提起老爷岭，日本鬼子就大伤脑筋。人们传说："走进老爷岭，没有老天爷下凡领路，就别想再走出来。"以往，日寇几次"扫荡"都是兵临老爷岭边缘却不敢进去。

1938 年初，东北抗日联军与日伪军的斗争进入了最艰苦的阶段。为了开辟新的游击根据地，抗联五军一师、二师参加西征。西征队伍一路上在敌人强大兵力的包围、追击下，与日伪军进行着顽强的战斗。1939 年的冬天，由于频繁的战斗和艰苦的环境，部队受到很大损失，到 1940 年春队员减少到 20 多人。在这种情况下，根据魏拯民同志的指示，为了摆脱敌人对敦化县的"大讨伐"，五军二师部队又向五常远征。经过 20 多天迂回艰苦的行军到达五常县。在五常县人民的积极支援下开展有力的活动，打窝瓜站，攻木楲，攻打冲河的敌人，还缴了拉林河沿上日伪军一个连的枪械，得机枪 1 挺、步枪 30 余支。与此同时，活动于五常县山里的赫子臣连长率领的小部队与大队失去联系，斗争环境越来越残酷，但他们坚信日本侵略者一定会以失败而告终的。后来，他们分成小组去破坏敌人的防御建筑物，毁坏铁路、桥梁、通信设备等，给敌人以有力的打击。同时还向广大群众进行抗日救国的宣传活动。部队用这台通过秘密渠道买来的油印机，印发大量的文件、宣传品，鼓舞群众的抗日情绪。这些胜利激起了五常人民的抗日热情，群众不仅给抗联部队送粮、送衣，还踊跃送子参军。因此，五军二师又重新编了一个连，队伍发展至 130 多人。这时，敌人又加紧了对五常地区的"大讨伐"。

在敌众我寡的严峻时刻，为了避开敌人的追击，部队决定回师敦化。由于队伍的行动计划被敌人探知，部队一入敦化境内就遭到包围袭击，队伍被敌人打散。直到 10 月间，又集合起 60 多人，转去宁安县和陈翰章率领的 50 多人共同活动于宁安县各地。

12 月，他们在小沟密营准备了四个月的给养，以备冬季时用，但因叛徒告密，密营遭到破坏，给养全部损失。此后，又与敌人战斗了一整天，结果又受到很大损失。剩下的 8 名队员，在斗沟子解决给养时，又牺牲了 5 位队员。剩下 3 人为了找到吉东省委和第二路军总指挥部，从宁安县出发，于 1941 年 3 月在中苏边境找到了上级组织。

1942 年春，五军派出三支小部队返回绥宁地区，准备在老爷岭西建立游击根据地。5 月 21 日，在五常县老爷岭东三道海浪河沟里任趟子房，遭到冲河和五常的伪森林警察队包围，经过激烈的战斗，终因敌众我寡，赫子臣领导的小部队战士先后壮烈牺牲。

这台油印机是从东北抗联五军二师活动过的五常县老爷岭一带发掘出土的，后经关洪生老人保存并捐赠给东北烈士纪念馆。这台油印机是东北抗联坚持抗日斗争和开展政治教育、文化活动的物证，它是研究和展示东北抗联历史的重要文物，也是进行爱国主义教育的生动教材。几十年后的今天，这台曾与抗联英雄长眠于老爷岭多年的油印机，仍然一次又一次向参观它的人们讲述着那段悲怆的历史。

（王丽娟）

东北抗联第五军使用过的油印机

东北抗联教导旅朴英山小部队使用的电台和密码本

一级文物

这部电台的收发报机长 27 厘米、宽 20 厘米、高 10 厘米，表面有 6 个突起的部件，大部分零件已经锈蚀，形态基本完整。密码本封面有些破损，纸张泛黄。

1939 年末至 1940 年初东北抗日斗争进入最艰苦的阶段。为了保存实力，东北抗日联军的主力部队转入苏联境内，后成立东北抗联教导旅，亦称苏联工农红军独立步兵第八十八旅。该旅成立后，除政治学习和军事训练外，主要担负对日军的侦察任务。

朴英山是朝鲜族，出生年月不详，籍贯不详，是东北抗联第五军的副官，1940 年随队进入苏联。他有着丰富的对敌斗争经验，政治可靠，对原战斗过的地方非常熟悉，所以，苏联红军远东军事情报部门和抗联教导旅多次派朴英山带领小部队返回东北，活动在宁安、穆棱、东宁一带，搜集了大量日伪军兵力部署、特务网点分布和飞机场位置等军事情报，并及时用电台与苏联远东军区情报机关联系。

1944 年 6 月，朴英山与两名战士在宁安县南马场活动时，被特务发现，战斗中两名战士中弹牺牲，朴英山不幸被俘后，在哈尔滨惨遭杀害。

东北光复后，宁安县土改工作队进驻南马场村，对参与逮捕朴英山的特务分子给予了惩处，又为朴英山烈士修建了纪念碑，将马场村改为英山村。

1985 年 8 月 29 日，黑龙江省东宁县绥阳林业局柳桥沟林场退休职工梁勇等人在寒葱河林场作业区的一处岩石缝里发现不明电台遗物。电台装在五层胶合板钉成的小木箱里，用防雨布包裹，包括收报机、发报机、电键盘、天线、耳机等及修理用具，还有一本伪满康德六年出版的小字典《标准注音学生国音字汇》，上面写有中文"朴英山"和俄文"朴英山字典"的字样。电台上还印有英文"USA"

东北抗联教导旅朴英山小部队使用的电台和密码本

（美国）的字样。为此，当时有关部门对这部电台开展了调查研究工作。历经近一年的时间，调查结果表明，这部电台并不是美国货，而是当年苏军提供给抗联小部队使用的通信工具，学生字典是密码本，使用者就是朴英山的小部队。当时由于此部电台的电池用完而无法使用，朴英山将电台和密码本妥善包裹后，隐藏在山上的石缝中。电台之所以用"USA"标志，是苏军的一种掩护手段。

这两件文物反映了抗联部队转移苏联境内后，以一种特殊形式同日本侵略者进行斗争的历史状况，是抗联协助苏联红军解放东北的历史物证。后来，这两件文物由当年发现、确认它们身份的黑龙江省林业公安处交送给东北烈士纪念馆保管、展出，1996年被确定为一级文物。

（刘晓华）

东北抗联政治学习教材《中国人民解放的道路》

一级文物

　　《中国人民解放的道路》一书，是东北抗日联军后期东北各部队和后来进入苏联边境野营整训部队进行政治学习用的重要教材，书的封面上款为"毛泽东同志在中共中央六中全会上的报告"，中间为大字标题"中国人民解放的道路"，下款印"一九四〇年二月——佳木斯吉东和北满中共委员会印刷所"。封面陈旧褪色，全书字迹完整清晰。

　　此书为平装32开本，5号铅字竖排，新闻纸印制，全书共101页，约4万余字。据历史文献记载，东北抗日联军曾多次翻印过毛泽东著作和陈云《随军西行见闻录》等记述毛泽东生平事迹的书籍，这些文献的底本基本上来自《救国时报》和《新华日报》，但在极端残酷的斗争环境下，其中绝大多数已经散失，这本《中国人民解放的道路》是目前唯一能够见到的毛泽东著作在东北抗日联军中的翻印本。

　　在毛泽东的著作中，并没有《中国人民解放的道路》这个篇名，但是"毛泽东同志在中共中央六中全会上的报告"这一句话告诉人们，《中国人民解放的道路》就是《论新阶段》，也就是毛泽东于1938年10月12日至14日在中共六届六中全会（扩大）上所做的政治报告。以《论持久战》为基础，毛泽东在《论新阶段》中进一步阐明了中国共产党的抗日方针、任务和策略，指出"坚持抗战，坚持持久战，巩固与扩大统一战线，以便克服困难，停止敌之进攻，准备我之力量，实行我之反攻，达到最后驱逐敌人之目的"，系统论述了共产党员在抗日战争中的先锋模范作用，提出了马克思主义中国化的战略思想，指示全党"系统地而不是零碎地、实际地而不是空洞地学会了马克思列宁主义"。1938年12月7日至10日，《新华日报》以六个版面发表了《论新阶段》全文，随后又出版了单行本。1939年初，崔庸健从苏联将《论新阶段》单行本带回东北，此后，《论新阶段》

同《论持久战》一起，成为东北抗日联军中流传最广、影响最大的毛泽东著作。

1939年，日军调集重兵疯狂围剿东北抗日联军，致使抗联部队陷入极端困境，受到很大损失。为了求得在困境中生存和发展，1940年初，中共北满省委和吉东省委主要负责人冯仲云、周保中等过界到苏联的伯力城开会，研究有关东北抗日游击战争新策略等重大问题。会议期间，接到了毛泽东于1938年10月12日至14日在中国共产党扩大的六届六中全会上的报告《论新阶段》，他们请苏联远东军区有关部门帮助刊印成书，并加一醒目书名《中国人民解放的道路》。封面上所印的"一九四〇年二月——佳木斯吉东和北满中共委员会印刷所"一语，是为了迷惑敌人而采取的伪装措施。

这本书对于远离延安并与党中央失去联系的东北党组织和抗联部队非常珍贵。当时能得到毛泽东的著作，能听到党的声音是多么的重要和亲切，使抗联党组织了解了党中央的路线、方针、政策，明确了斗争方向，继续坚持斗争，不失信心，为争取最后胜利起了决定性的作用。

抗战胜利后，这本书未能在战争中保存下来，抗联部队随苏军回国时，也未能有人将此书带回。直到1955年，原东北抗联将领、水利部副部长冯仲云同志去苏联谈判，苏方交给他一批抗联文献资料，其中就有这本书，成为已知现存的唯一一本。冯仲云同志回国后不久，东北烈士纪念馆工作人员前往北京访问他，冯仲云遂将此书捐赠给东北烈士纪念馆收藏陈列。

（于玲）

东北抗日联军歌集

东北抗日联军歌集

一级文物

横 19.51 厘米，纵 14 厘米

纸质，1940 年 7 月 7 日印

这本《东北抗日联军歌集》（以下简称《歌集》）是东北抗日联军第三路军历经血与火的洗礼，得以保存下来的许多珍贵文物之一。此《歌集》为纸质，横 19.5 厘米，纵 14 厘米，蜡版，蓝色油墨印制。因年代太久，纸张氧化变黄，有几页已破碎，部分字迹模糊，末尾两首歌是用蓝黑墨水写在红格信纸上的。封面是旧五线谱纸，用白纸捻装订。上中部有"东北抗日联军歌集"八个较大的字；下部有小字"一九四零年七月七日印"。

这本《歌集》内共收有《国际歌》《义勇军进行曲》《救亡进行曲》《露营之歌》《爱我东北》《全国抗战歌》《男儿从军》《红旗歌》《新女性》《少年先锋队》《九一八事变》《抗日先锋》《第三路军成立纪念歌》《上前线歌》等 48 首革命歌曲。

东北抗日联军不仅是一支战斗力很强的武装部队，同时也很注重政治、文化教育和宣传工作。部队中有许多从关内流传来和自己创作的抗日歌曲，指战员们高唱这些抗日战歌极大地鼓舞了士气。

1940 年春，为了适应抗日斗争形势发展的需要，进一步提高军政干部的政治、军事素质，中共北满省委和东北抗联第三路军总指挥部决定，在朝阳山根据地开办军政干部短期训练班，学员是从北满各抗联部队中抽出的领导干部。总部教导队的女战士也参加了学习。训练班由总指挥张寿篯（即李兆麟）和北满省委委员张兰生亲自主持和讲课，他们讲授马列主义原理、辩证唯物主义和历史唯物主义，讲解与日本侵略者进行长期游击战争的战略战术。当时抗日队伍所处的环境非常困难，日伪军对抗联部队不断进行封锁"讨伐"，部队弹药、粮食、药品等都十分缺乏。在这异常艰苦的条件下，为鼓舞部队斗志，活跃部队文化生活，发扬革命乐观主义精神，在恶劣的环境中坚持斗争，总指挥部机要秘书兼电台台长崔清洙（朝鲜族）把当时在部队中传唱的抗日歌曲汇集起来，亲自刻写钢版蜡纸，油印，装订成数十本，于7月7日全国抗战三周年纪念日这天分发给参加训练班的干部和总部教导队的战士，并教大家学唱。学歌不仅鼓舞情绪，还能多识字，所以大家都愿学愿唱，这些革命歌曲很快在部队中传唱开来。7月14日，抗联第三路军第三支队攻打了朝阳山北部的伪科洛村公所和日本铁道队，缴获了一台油印机和一大批纸张。三支队政委赵敬夫带一小队战士将这台油印机、油墨和纸张送进朝阳山里，给训练班学习用。这次战斗引起敌人的注意，19日，驻沐河屯的伪嫩江县森林警察大队发现了前几天赵敬夫小队进山踩出的脚印，一直追进了朝阳山里，逼近总指挥部驻地。总部发现敌人立即进行阻击和转移。激战中，张兰生、赵敬夫和崔清洙英勇牺牲。我军也击毙了大汉奸伪森警大队长董连科以下十余人。

这本《东北抗日联军歌集》就是当年崔清洙烈士编辑的，由参加训练学习的教导队女战士李敏保存下来，她一直带在身边，直到抗日战争胜利。

1948年10月10日，东北烈士纪念馆建成开馆。时任北安军区警卫连指导员、党支部书记的李敏，正在哈尔滨东北外国语专科学校学习俄语。她应邀出席了东北烈士纪念馆开馆仪式，并见到了东北烈士纪念馆负责人薛雯。薛雯向她谈到征集革命文物陈列展出，对广大观众进行革命传统和爱国主义教育。李敏想到她保存的这本《东北抗日联军歌集》很有教育意义，决定捐献给东北烈士纪念馆。10月17日，李敏把此歌集交给薛雯，并在歌集封面右下角写上"李敏存已八年之久"八字以志纪念。薛雯将此歌集与东北烈士纪念馆珍藏。

（温宇）

徐泽民与他在狱中刻诗的牢门

一级文物
高 160 厘米，宽 72 厘米，厚 5 厘米
木质，重 45 千克

此门木质，高160厘米，宽72厘米，厚5厘米，保存基本完好。上半部有一风眼，所刻诗句均在门下半部。因时间久远，许多诗句已模糊不清，只能辨认出部分。"立志创业离了家，远游北上到龙沙。克山通北九年整，未想事变九一八。帝国主义真毒辣，四省同胞遭屠杀。追随邓文把国救，收复失地为中华。关内二年来东北，复加共产不要家。三肇游击活动紧，摇动满洲大讨伐。省委调动回山里，走至庆城打开花。返回工作失计划，兰西境内将我抓。为国牺牲光荣事，十载于兹我自杀。"诗末题注时间及落款"辛巳年十月一日徐泽民题"。

徐泽民，辽宁省辽中县人，原名徐德奎，字泽民，又名徐振东，化名张振华，1918年高中毕业，考入辽中县简易师范学校。徐泽民个子高大，性情有点急躁但充满热情。他能说善写，精明强干，具有强烈的爱国情怀。

九一八事变后，徐泽民怀着抗日救国的满腔热忱，来到马占山所属邓文部参加抗战。邓文部失败后，徐泽民一面从商，一面寻找能够坚决抗日的队伍。1938年6月，经过艰难曲折，徐泽民终于找到抗联部队，实现了继续武装抗日救国的愿望。

1939年夏，为了开展三肇（肇州、肇东、肇源）地区抗日武装斗争，中共北满省委派徐泽民等到三肇地区开展群众工作。徐泽民经常以行商卖药和传道的名义作掩护，行走乡镇村屯，宣传抗日救国，结识各界人士，联络爱国群众，发展抗日组织和抗日武装，为后来十二支队开展武装抗日斗争奠定了较好的群众基础。

1940年春，徐泽民在北满省委的密营，向省委汇报了三肇地区党和群众工作的发展以及群众抗日要求的高涨等情况，强烈建议部队到三肇地区开展抗日游击活动。秋，东北抗日联军第十二支队利用青纱帐起，深入三肇地区，在地方党组织与群众配合下，攻破肇州丰乐镇。9月18日，十二支队在肇东县宋站作战失利，部队被打散。支队主要领导向庆城山里转移。徐泽民和韩玉书收拢失散的部队继续坚持斗争。10月，徐泽民被北满省委任命为抗联第十二支队代理支队长，韩玉书为代理政治部主任。

此后，徐泽民及其所率领的第十二支队攻头台，破三站，袭托古，击古龙，与日伪军战斗四五十次，队伍发展到200余人，三肇地区抗日烽火熊熊燃烧。

1940年12月以后，日本侵略者调动大量日伪军加以"围剿"，并制造了骇人听闻的"三肇惨案"，使三肇抗日群众惨遭镇压。十二支队失去群众支援，屡遭敌人重兵袭击，伤亡惨重。部队在经呼兰、巴彦向庆城转移过程中被打散。1941年2月14日，徐泽民只身一人在兰西县临江村丁家油坊屯活动时，不幸被捕，被敌人押送到哈尔滨，关押在哈尔滨道里监狱。

徐泽民被捕后，受到敌人的威逼利诱和严刑拷打，坚贞不屈。他用指甲等硬物，在监号的门板上刻下了"消灭帝国联，打倒军阀大集团，革命快成功，人类幸福在眼前，自由平等权，世界大同万万年""打倒世界帝国侵略主义，推翻走狗机关傀儡政府的满洲国"等诗句，抒发了他抗日救国、为民族自由解放而战的大丈夫情怀；他还刻下了"大丈夫为国捐躯身虽死英名永在，奇男子舍生取义志未遂勇敢长存"等话语，表明了誓死抗日、报效祖国的决心。

10月，徐泽民被判处死刑。面对即将到来的死亡，徐泽民没有丝毫惧怕，但他不愿死在敌人的枪口下而玷污了自己。11月19日，他用硬物在监号的门板上刻下绝命诗后，舍生取义，自缢殉节。

1948年底，哈尔滨道里监狱管理人员将这扇刻有烈士诗句的牢门摘下，献交东北烈士纪念馆，与徐泽民烈士事迹一起陈列展出。

（负占军）

赵尚志用过的手枪

一级文物

长 20.5 厘米，宽 13 厘米，厚 2.5 厘米

重 1.2 千克，美国造，马牌，枪号 80292

这是著名抗日民族英雄赵尚志将军牺牲前使用的手枪。此枪为美国造，马牌，柯尔特式自动手枪，枪号80292。长20.5厘米，宽13厘米，厚2.5厘米，重1.2千克，整体完好。

赵尚志，1908年生，辽宁省朝阳县人。1925年进入哈尔滨许公中学读书，开始接受革命思想，并加入中国共产党。1926年入黄埔军校学习。1931年九一八事变后，他投身抗日斗争，历任中共满洲省委军委书记、珠河反日游击队队长、东北人民革命军第三军军长、东北抗日联军第三军军长、东北抗日联军第二路军副总指挥等职。在东北抗日战争初期，他就指挥了攻打五常堡、宾县、方正以及肖田地突围和冰趟子伏击战等一些著名战斗。这些战斗，沉重打击了敌人，极大地推动了东北抗日游击战争的发展。

1938年初，赵尚志受北满临时省委派遣，赴苏联商谈抗日斗争重大事宜，不料被苏方无理扣押。这时东北抗日游击战争进入极端艰苦的阶段，抗联部队开始进行战略转移，陆续进入苏联境内进行野营整训，并不断派遣小部队回东北，继续进行抗日斗争。

1941年10月，赵尚志带领四名同志组成的小部队，从苏联回到东北的鹤立县（今鹤岗）北部山区活动。当时赵尚志只带着一支步枪，和他一起回来的张凤岐将自己佩带的柯尔特式自动手枪送给了赵尚志使用。

1941年末，赵尚志率小部队在鹤立、汤原北部地区开展活动的情况被敌人侦知。敌人进行了阴谋策划，想尽办法捕杀赵尚志。伪鹤立县兴山警察署派出警备队长以下25人，进行了7天的搜山，未发现任何线索和踪迹。

1942年1月上旬，敌人再次制定诱捕赵尚志的计划，决定派曾当过伪梧桐河采金株式会社警务队小队长的刘德山去完成诱捕赵尚志的任务。2月初，刘德山伪装成猎手和收山货的老客，经跟随赵尚志的姜立新（他早年与刘德山相识）介绍，混入了急于扩充队伍的赵尚志部，并介绍另一名特务张锡蔚也打入了赵尚志小队。打惯了豺狼的英雄却忘记了提防恶狗伤人，他吸收的这两个队员，正是潜伏在身旁的两个特务杀手。

1942年2月12日凌晨，赵尚志在特务刘德山"献计"的引诱下，去袭击鹤立县伪梧桐河金矿局警察分所和警备队，并做了具体部署。特务张锡蔚以先行侦察为名，去给敌人报信。当队伍在没膝深的大雪中行至距离警察分所2公里的吕家菜园子附近时，刘德山诡称要去小便，闪到赵尚志身后，突然向他开枪，赵尚志猝不及防，腰、腹部中弹扑倒在地。刘德山露出凶恶的嘴脸，又要向战士王永孝开枪，这时倒地的赵尚志忍着剧痛，回手连射两枪，击中刘德山的头部和腰部，刘当即毙命。走在后面的姜立新等人赶紧跑过来，把赵尚志背到吕家菜园子的小窝棚里，赵尚志知道自己伤势严重，难以脱险，把装有文件和活动经费的背包交给身边的战士，命令他们迅速转移。

赵尚志身负重伤被俘后，敌人为得到口供，就地审讯。赵尚志正气凛然，忍着剧痛，同敌人进行着最后的斗争。他怒斥伪警察说："你们不也是中国人吗？你们出卖了祖国，将来要受到人民的审判。我一个人死了没关系，我就要死了，还有什么可问的？"说完闭口不语，狠狠地瞪着敌人，对重伤的苦痛不哼一声。八个小时后，壮烈殉国，时年34岁。

赵尚志牺牲后，此枪被敌人得去，存于伪鹤立县警务科，后被伪警察们使用。1948年东北烈士纪念馆建馆时，当地公安人员找到此枪，献交东北烈士纪念馆。后经赵尚志的老战友张凤岐鉴定，确认为赵尚志将军生前所用之武器。

（闻德锋）

许亨植用过的匣枪

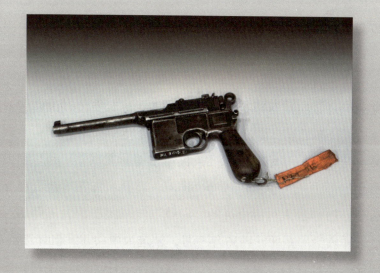

一级文物

长 28 厘米，宽 15 厘米，厚 3 厘米

德国造，毛瑟匣枪，枪号 33151

这支德国造毛瑟匣枪（MAUSER），长 28 厘米，宽 15 厘米，厚 3 厘米，枪号 33151，特点是：金机，满轮，通天扳，大鱼眼，小药包，非"四三"子弹吃不开，现由东北烈士纪念馆收藏。它的主人是为中国人民解放事业而英勇献身的许亨植烈士。

许亨植，原名许克，别名李熙山、李三龙，1909 年出生于朝鲜庆尚北道。1913 年随父来到中国，先后迁居辽宁开原和黑龙江宾县。1929 年参加中共宾县地下党领导的革命斗争，1930 年加入中国共产党。同年 5 月 1 日，带领宾县荒山嘴子十几名共青团员赴哈尔滨，参加中共北满特委组织的反日游行示威，被捕入狱。九一八事变后，经党组织营救出狱返回宾县，任中共宾县特支委员。1934 年 6 月，许亨植调任东北反日游击队哈东支队第三大队政治指导员、大队长。1935 年 1 月，许亨植继任东北人民革命军第三军第一师二团团长、三团政治部主任，率部在珠河、延寿、宾县、方正等地开展反日游击活动，粉碎敌人对游击区的"讨伐"。三团扩编为三师后，许亨植任三师政治部主任。1936 年 9 月，被选为中共北满临时省委委员，并调任东北抗日联军第三军第一师政治部主任。1937 年初，任中共北满省委移动办事处主任。同年 7 月调任抗联第九军政治部主任。1938 年初，改任抗联第三军三师师长。同年 8 月，抗联三、六、九军联合远征黑龙江西北时，组成了西北指挥部，任参谋长。1939 年 4 月，许亨植接替赵尚志任东北抗联第三军军长。不久，三、六、九、十一军统一编为东北抗日联军第三路军，许亨植任第三路军总参谋长。1940 年 3 月，东北抗日联军第三路军所属部队缩编为三、六、九、十二四个支队，许亨植兼任第十二支队政治委员。许亨植率部在肇州县丰乐镇缴了伪军的枪械，活捉伪镇长，打开银行、仓库，将金钱和物资分发给群众。1941 年调任东北抗日联军第三路军九支队工作，率领下属的三个小分队在各自的活动地区建立了抗日救国会等组织，积蓄了新的抗日力量。1941年10月，第三路军总指挥部调六、十二支队150余人赴苏联整训。中共北满省委书记金策和许亨植带领指挥部少数人与朴吉松、张瑞麟带领的两支小队留下坚持斗争。1942年7月末，许亨植带着警卫员陈云祥检查小部队活动情况。他们来到在巴彦、木兰、东兴地区活动的张瑞麟小队检查工作，对张瑞麟小队在敌人疯狂"讨伐"的情况下，能积极发动群众，秘密建立抗日群众组织的成绩非常满意，准备写成书面材料向上级汇报。这时敌人突然进山"讨伐"，形式十分紧迫。8月2日下午，张瑞麟派王兆庆护送许亨植和警卫员返回总指挥部。他们三人在人迹罕至的山林荒谷中穿行，天黑时来到庆安县青峰岭下少凌河畔露宿。8月3日清晨，警卫员陈云祥生火做饭，因地势低洼，炊烟散得很慢，被正在"讨伐"搜山的伪警察发现，经过两个多小时的激战，终因寡不敌众，许亨植和陈云祥壮烈牺牲。许亨植年仅33岁。

　　许亨植当时战斗用的这支匣枪，被伪警察大队队长国长友得到，日军为了奖赏他"讨伐"有功，便把这支匣枪赏给他。日本投降后，国长友被国民党委任为挺进军团长，继续与人民为敌。1946年春，许亨植的老战友于天放率部队到庆安剿匪，击毙国长友，缴回此匣枪。经于天放辨认，确定此枪是许亨植牺牲前用的那支匣枪，暂存放于庆安县公安局。1950年，庆安县公安局将此枪捐献给东北烈士纪念馆。

（李蕊）

齐连生荣获的红星勋章

三级文物

这枚苏联红军红星一级勋章，是吉林军区南湖干休所离休干部齐连生同志 1945 年获得的。

红星勋章是根据苏联中央执行委员会主席团 1930 年 4 月 6 日的命令设立的，授予在战时及平时在国防事业中有卓越功勋的苏军官兵、部队、舰队、兵团、劳动者、劳动者集体、机关、企业和社会团体。该章采用工农红军的象征——红色五角星造型，中央为手持步枪的红军战士形象，四周为俄文，意为全世界无产者联合起来，底部是苏联的国家简称：CCCP。

齐连生同志 1931 年九一八事变后，曾是东安镇靖安步兵第二团二营六连某班班长。1942 年 7 月 7 日，他带领 70 余人起义过境到苏联，参加东北抗联教导旅，亦称苏联工农红军独立步兵第八十八旅。

苏联工农红军独立步兵第八十八旅的由来还有段历史。

1938 年秋，日本侵略者加紧对敌后根据地、游击区抗日军民的疯狂围剿，东北抗日武装斗争进入极其艰苦的时期。在这种情况下，东北抗联领导人经过商议，决定转入苏联远东地区休整，同时通过苏联与党中央取得联系。苏联远东军也需要通过东北抗联来获取日军情报，同意合作。1940 年 12 月在第二次伯力会议上，实现了东北抗日联军的集中统一指挥，任命周保中为总司令、李兆麟为副总司令、魏拯民为政治委员。1942 年 7 月 16 日，抗联领导人经过与苏方协商，决定将留在苏联远东境内的东北抗联部队加以扩充整理，编为"东北抗日联军教导旅"，以"培养东北抗日救国游击运动的军事政治干部，锻炼优秀游击战士，使之能在东北解放战争之际，积极有力地配合友军作战"。8 月 1 日，由东北抗联改编而来的抗联教导旅在苏联伯力正式组建。因抗联教导旅暂时由苏联远东红军总部代管，所以接受苏联工农红军独立步兵第八十八旅的正式番号，对外番号是八四六一部队。抗联教导旅官兵共 1000 余人，其中抗联人员 700 余名，苏籍官兵 300 余人。

　　抗联部队在远东地区建立野营、组建教导旅前后，曾多次派遣小部队进入东北，寻找旧部，建立地方党组织，坚持游击斗争，执行军事侦察任务。据统计，从 1941 年至 1945 年派回东北开展游击战、执行破坏交通等任务的有 26 支小部队，约计 240 人次；派回东北专门执行侦察任务的（不含苏方派遣）有 25 支小部队，约计 1260 人次；派回东北寻找党的关系、收容和寻找部队的有 6 支小部队，约计 160 余次人。无论何种形式，小部队在开展抗日斗争中，都付出了巨大的牺牲。据不完全统计，在小部队中牺牲、失踪的人员不少于 200 人。抗联小部队斗争虽然不具备抗日游击战争的战略战术特征和基本条件，规模、影响也有限，但所产生的政治影响及对世界反法西斯战争的最后胜利所做出的贡献是不可估量的。

　　这枚勋章就是苏联政府为了奖励齐连生同志在世界反法西斯战争中的功勋而授予他的。1984 年 4 月，东北烈士纪念馆工作人员于齐连生处征集到此物。1994 年 5 月，经文物鉴定小组鉴定，定为三级文物。

（张安）

刘铁石荣获的苏联勇敢奖章

银质，圆形，直径 3.7 厘米
1945 年 8 月苏联最高苏维埃政府授予

此奖章为银质，圆形，直径 3.7 厘米，上、下部分别为浮雕效果的飞机、坦克图案，中部为俄文字母。

刘铁石，原名刘显，字惠远，1903 年生于吉林省怀德县。1911 年迁居汤原县太平川胡家窝棚。1924 年考入吉林省第五师范学校。毕业后，曾任汤原县小学教员、校长。1929 年任县教育局长。九一八事变后，刘铁石热情投入抗日宣传，并为抗日游击队购买枪支弹药，还把家中的 5 支枪全部捐献给了冯治纲率领的抗日义勇军"文武队"。1934 年春毅然投笔从戎，参加汤原反日游击队，任军需官，在全县教育界引起很大震动。

1934 年春，汤原游击队创建初期，中共汤原中心县委为了开辟太平川游击根据地，派刘铁石等到太平川开展抗日宣传工作。1935 年 9 月，争取冯治纲的"文武队"加入汤原游击总队，壮大了游击队的抗日力量，为太平川成为汤原反日游击队的游击根据地及可靠后方做出了相当的贡献。

1940 年以后，东北抗联大部进入苏联远东地区进行学习整训后，经常派出小部队返回东北开展各项活动。这些小部队每支少则四五人，多则十数人。小部队返回东北日伪统治地区活动，是一项非常艰苦、非常危险的战斗任务，因此，小部队的成员都是经过严格挑选产生的。由于刘铁石对民族解放斗争的忠诚、百折不挠的战斗精神以及精湛的无线电收发报技术，多次被选为小部队成员返回东北执行任务。

1940 年 7 月至 9 月间，陈雷带领刘铁石、张祥、姜乃民等两次回东北执行侦察任务。由于刘铁石的技术好，因此他主要负责收发与教导旅之间的往来电报。有一次，为了弄清肇兴镇附近一个敌人据点的情况，他们在拂晓前隐蔽在一片草甸子里，观察日本移民团男女老幼的活动情况。小部队的每个同志都忍受着三伏天烈日的暴晒和蚊蝇、瞎虻的叮咬，趴在草丛里坚持战斗。刘铁石在拍发电报时嗓子渴得实在忍不住了，就求身旁的张祥想办法找点水来。张祥没办法找到水，只好求小战士姜乃民撒了一缸子尿以解燃眉之急。刘铁石停下电键，接过水缸一饮而尽，马上又全神贯注地开始工作。当他完成任务后，才发觉嘴中有怪味，张祥这才告诉他喝的是半缸子尿。

1942年2月，刘铁石随小分队返回东北，在铁力山区找到北满省委，随北满省委书记、第三路军政委金策在北满地区进行抗日活动，担任省委秘书、电报员。12月下旬，安邦河上游省委机关密营遭敌人袭击，金策带刘铁石、张相龙借黑夜、高山、密林和风雪掩护，冲出敌围，南下凤山县。1943年春，回到抗日老游击根据地通河县，在原抗联三军地方武装、通河警备旅三团驻地铧子山安营扎寨，一方面寻找在凤山地区坚持抗战的张瑞麟小分队，一方面深入到通河西部地区的农村发动群众，组建抗日救国会，开展反满抗日斗争。不久，与张瑞麟小分队会合后，刘铁石被金策派往苏联，向周保中、张寿篯当面汇报情况、请示工作。10月，抗联教导旅领导人派刘铁石等返回东北，接金策等过境入苏。历尽千辛万苦，他们于12月中下旬找到了金策等人，转达了教导旅领导关于"小分队立即撤离凤山赴苏学习"的命令。经过长途跋涉，历尽艰辛，刘铁石等同志引导金策等二十多名指战员于1944年1月到达苏联，进入抗联教导旅，参加整训。刘铁石先后任教导旅无线电少尉教官（1945年晋升为中尉教官）、中文教官、政治教官，并获"艰苦奋斗"奖章一枚。

1945年8月，为表彰刘铁石在小分队活动中忠诚坚贞、不畏艰险、勇敢顽强的表现，苏联最高苏维埃政府授予他"勇敢奖章"一枚。

（李福琴）

侵华日军为战死者建造的"忠灵塔"的碑文铜牌

一级文物
横 51 厘米，纵 36.5 厘米，厚 2 厘米
铜质，重 12 千克

这块日本侵略者在黑龙江鹤岗矿区为战死者建的"忠灵塔"上的碑文铜牌横 51 厘米、纵 36.5 厘米、厚 2 厘米，重 12 千克，牌上阳刻日文记载有 1936 年 5 月 22 日至 23 日，东北人民革命军第六军在夏云杰军长指挥下，袭击鹤岗矿山一事。

1936 年 1 月上旬，东北人民革命军第三军军长赵尚志、第四军军长李延禄分别率主力部队进入汤原县游击区，与夏云杰所领导的汤原民众反日游击总队会师。在此期间赵尚志、李延禄等帮助夏云杰把汤原民众反日游击总队扩编为东北人民革命军第六军，夏云杰任军长，张寿篯（李兆麟）为代理政治部主任。第六军成立后，夏云杰军长率领广大指战员，以汤原根据地为中心，转战于小兴安岭的深山密林和平原地区，与日伪军展开了旷日持久的游击战，英勇顽强并有效地打击了日本侵略者及伪军。

1936 年 5 月 22 日夜，夏云杰指挥一、二、三团，分兵两路袭击了鹤岗矿山。一路由三团团长冯治纲率领，炸毁了矿山东南的吊桥和车库，封锁了日军守备队和矿山警察队的增援道路。战斗异常激烈，我军战士英勇顽强，在武器落后、战斗人员缺少训练的劣势下，不惧牺牲，以血肉之躯阻挡了日军及伪警察队的每一次反扑。此时，夏云杰军长亲自率领另一路队伍直捣煤矿事务所，在我地下工作人员的配合下，顺利地解除了伪矿山警察二队的全部武装，击毙了日本官吏山口为市、桥田德次和伪警察大队长赵永富。夏云杰向被解除武装的伪警察宣传我党的抗日政策，号召他们悔过自新走上抗日道路，当场就有 26 名伪警察报名加入东北人民革命军第六军。23 日凌晨，夏云杰军长率领部队携带战利品胜利凯旋。

这次奇袭鹤岗矿山的战斗，给日本侵略者以沉重的打击。日军为了给被我军击毙的三人表功,在鹤岗矿区建立了所谓的"忠灵塔",并将碑文篆刻于铜牌之上。1948 年,东北烈士纪念馆将此物征集入馆陈列,从反面印证了东北人民革命军第六军奇袭鹤岗矿山的英勇战绩,弘扬了我军将士在物资匮乏、武器落后的情况下,不畏艰险、顽强抗争的战斗事迹,为中国人民抗日战争史填写了浓重的一笔。

（张明扬）

伪满时期克山监狱的铁镣及砸镣工具

　　东北烈士纪念馆珍藏着这样一组珍贵的文物，它们是东北抗日联军第三路军第三支队1940年攻入克山县城后，在克山监狱解救被关押的群众时砸开的铁镣和当时使用的砸镣工具。

　　1940年，日本侵略者纠集大批兵力疯狂围剿东北抗日联军，残酷镇压和屠杀抗日群众，东北地区的抗日斗争处于极端艰苦的阶段，但抗日斗争的烈火始终没有熄灭。1940年下半年，抗联第三路军第三支队根据南北河会议精神，决定攻打日伪统治的重镇克山县城，以打击敌人的嚣张气焰。

　　克山县是敌人重兵把守的城镇，驻有日伪军1000余人。县城四周筑有坚固的城墙，城墙前有一条8尺深、8尺宽的护城壕，并且守卫森严，敌人为此大肆吹嘘："铁打的满洲国，模范的克山县。"为了稳固其残暴的法西斯统治，伪满政府在克山县实行严酷的归屯并户和保甲连坐制。当时的克山监狱关押有300多人，大多数都是普通百姓，其中很多人都怀有反抗日本侵略者的决心。

　　由于在兵力上敌我力量悬殊，所以抗联只能智取，不能强攻。第三支队通过中共讷河县地下党同志提供的情报，掌握了克山县敌人的防御部署，经过周密地分析研究，决定在9月下旬攻打克山县城。第三支队队长王明贵带着部队在北兴镇一带不断出击，每到一地都召开声势浩大的群众大会，还安排群众去向日军报告，借此迷惑敌军，将驻守在县城内的日伪军引出一大部分。

　　9月21日晚，在北兴镇境内，第三支队和第九支队不期而遇，第三支队队长王明贵见到了随第九支队而来的第三路军政委冯仲云。王明贵向冯仲云汇报了准备攻打克山的计划，并征求了第九支队队长边凤祥和政委高禹民的意见。经过研究决定，两支队伍共同攻打克山县城。由于第九支队的加入，部队调整了作战计划，由冯仲云任总指挥，王明贵担任攻城军事指挥。

9月22日晚，第三支队和第九支队共200余人直奔克山县城。经过几天的夜晚行军，于25日拂晓前来到了距克山县城三四公里处的一片高粱地，为了避免被敌人发现，抗联战士们在此挖好了工事，做好了战斗准备。9月25日夜，抗联战士们换上事先准备好的伪军军服，打着伪军的旗帜，趁夜从克山县城西北角的城墙缺口处进入城内。

第九支队队长边凤祥和政委高禹民率领战士们很快逼近伪军团部。边凤祥指挥战士们冲进伪军团部大院，迅速占领各个营房，敌人未曾料到抗联战士会袭击县城，一枪未发就做了俘虏。第九支队随即打开武器库，将能运走的武器全部运走，不能运走的就地销毁。

第三支队队长王明贵和参谋长王钧带人攻占了县公署附近的克山监狱，将监狱的大门全部打开，解救出被关押的抗日人员和爱国群众300余人，许多人都戴着沉重的铁镣，并且都是被铆钉牢牢钉死的。王明贵带领战士们砸开了他们的手铐和脚镣，高声宣布："我们是抗日联军，打开了克山县，你们得救了！愿意参军打日本鬼子的跟我们走，不愿参军的可以回家，别让日本人再抓住你们！"其中100余人当即领取了新缴获的武器，参加了抗日联军。

由于敌人仓促应战，又摸不清我军的实力，在我军沉重打击下不得不向城外狼狈逃窜。这次奇袭克山的战斗，仅用了两个小时就大获全胜。此次战斗共击毙击伤日伪军数十人，击毁日军汽车1辆，缴获迫击炮4门、步枪百余支、子弹万余发。而抗联战士伤亡较轻，除娄司务长牺牲和3名战士轻伤外，没有其他损失。此次战役，成为震惊日伪当局、闻名遐迩的光辉战例。

1959年黑龙江省博物馆从克山县征集到这组文物，1982年拨交给东北烈士纪念馆收藏。

（马良）

伪满时期克山监狱的铁镣及砸镣工具

侵华日军第七三一部队实验用的铝制鼠笼

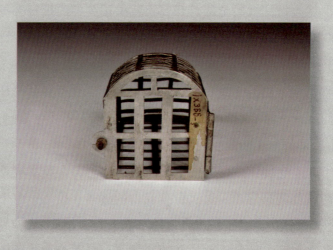

一级文物

长18厘米，宽7.5厘米，高9厘米

长方形，铝质

这是一件见证侵华日军罪恶暴行的文物——铝制鼠笼。该文物采用铝条制成，长方形，长18厘米，宽7.5厘米，高9厘米，前部有放取老鼠的开口。这件铝制鼠笼是侵华日军第七三一部队第四部生产部为培养鼠疫而特制的，是侵华日军从事细菌武器研制时经常使用的用具。

第一次世界大战结束后，日军一直秘密从事细菌武器的研究工作，1933年侵华日军设立以军医石井四郎为首的"细菌研究所"，后改称关东军防疫给水部，对外称石井部队。1939年该部队总部迁至哈尔滨市平房镇，改称东乡部队。以后又在海林、林口、孙吴、海拉尔等地建立支队，1941年改称关东军第七三一部队。

七三一部队的主要活动是研制、试验细菌武器，并且惨无人道地用活人做实验。被实验者大都是抗联受伤被俘的战士、党的地下工作者、爱国志士和一些无辜群众，其中有部分俄侨。七三一部队在细菌研制过程中，曾饲养过数以万计的老鼠和数以千万只的跳蚤，每月可以生产300公斤鼠疫、霍乱、伤寒等细菌。这支毫无人性的部队，用活人做实验，方法竟达50多种。

据日本二战老兵筱冢良雄的回忆录记载：1939年，他年仅15岁时应征加入日本关东军防疫给水部，与一批新兵一同来到中国东北哈尔滨的平房镇，这里就是日本建立的七三一部队总部所在地。他当时以为自己的工作就是为部队提供安全的饮用水。1940年春天，七三一部队经过多次人体试验证明，通过染鼠疫菌的跳蚤传播病毒比直接投放鼠疫菌更有效，染鼠疫菌的跳蚤一旦咬伤人就会导致感染。如果将被实验者关在每平方米有20只感染鼠疫菌的跳蚤的房间内，那么10人中有6个人会因感染鼠疫而死亡。被实验者感染细菌后器官变化和感染路径被记录在七三一部队人体试验的报告书中。因此部队大量饲养跳蚤，用于传播鼠疫。筱冢这时被安排专门观察在活老鼠身上繁殖跳蚤的情况，并且要加以记录。经过一段时期的了解，筱冢发觉自己的工作与中国多地爆发的鼠疫有关，内心出现了抵触的情绪，但是他必须按照命令做事，一旦违抗命令，就有可能面临着被杀害的危险。

另外，在二战后美军中校阿尔沃·汤姆森对七三一部队首任部队长石井四郎和次任部队长北野政次进行问讯后的总结报告中，对细菌弹的研制、实验生产进行了详细的介绍。七三一部队专为装填感染鼠疫菌的跳蚤而设计烧制陶质的石井式细菌炸弹，并根据野外实验验证其攻击效果和杀伤力，逐步改进炸弹类型，最终确定了生产以鼠疫菌和炭疽菌为主要菌种，以石井式细菌炸弹、HA 型细菌弹为主要类型的细菌炸弹。

七三一部队从事的罪恶活动，不仅在战时给中国人民带来了灾难，而且战后也给东北人民的生命财产造成了巨大的损失。日本战败后，七三一部队炸毁了基地的主要设施，带菌老鼠与跳蚤四处逃窜。1946 年哈尔滨市平房地区首先爆发鼠疫，后在全市迅速传播，到 10 月才得到基本控制。翌年夏，东北各地又相继发生鼠疫，患者达 3 万余人，至 12 月底在苏联专家的帮助下，才将疫情完全控制住。

七三一部队在华犯下滔天罪行，可以说罄竹难书，这件铝制鼠笼就是有力证据。该文物是 1972 年黑龙江省博物馆工作人员在哈尔滨市郊朝阳公社顺平大队发现的，1982 年拨交给东北烈士纪念馆收藏。1996 年 6 月，经国家文物局专家鉴定审议，评定为一级文物。

（张矢）

侵华日军使用的防毒面具

一级文物

这件日本军用防毒面具，是孙吴县西兴乡西兴村农民王兆宏在离村两公里远的日军孙吴细菌支队遗址捡到的。为人面形状，质地橡胶贴布，玻璃镜片，嘴部有可伸缩软管连接空气过滤器。据有关史料记载，日军曾大量研制各种毒气，制造毒气弹，有些毒气弹至今仍存留在孙吴地区。

毒气是一战期间由德军首先在战场上使用的一种灭绝人性的化学武器。一战以后，国际社会明文禁止研制、生产化学武器，然而，日本军国主义者置国际公约于不顾，秘密从事化学武器的研制，并在日本著名的濑户内海中一个名叫大久野的岛上建立兵工厂研制和生产毒气。在这座不引人注目的小岛上，从1931年起到1945年止，共生产糜烂性芥子气、路易氏气、窒息型毒剂光气等多种毒剂6616吨，其中，3000吨毒剂装配到各种炮弹中运往战场。据不完全统计，在大久野岛兵工厂中，还制造出毒气弹（筒）578万发（个），装备到日军的毒气弹（筒）约491万发，大久野岛成为名副其实的毒气岛。另外，日本设在福冈县的曾根兵工厂专门负责把大久野岛生产出来的毒剂装填到炮弹中。上述两个兵工厂生产并装备日军毒气弹数量加在一起达646万发。

据现有材料可知，1937年七七事变后，日军就把大批化学部队派往中国战场，配合步兵作战。仅以1938年的武汉会战为例，据日军统计，共使用化学武器375次，发射毒气弹（筒)48 489发（个)。并认为"在这次使用中，80%是成功的……收到了预期的效果，促进了作战进程"。这样的记载在敌我双方的战史中可以说是屡见不鲜。据不完全统计，日军在中国战场使用化学武器至少在2000次以上，造成中国军民中毒伤亡人数达9万以上。

日军投降时，侵华日军还有大量的化学武器没来得及使用，一部分被秘密掩埋或扔入河中，一部分被随意丢弃在中国各地，继续危害中国人民。1953年鉴于受毒气伤害的事件屡屡发生，根据中央人民政府和东北军区的命令，东北各地组织了大量的人力、物力处理日军遗弃的化学弹。1954年4月，孙吴县人民政府依照东北军区的部署，在孙吴北山一处合适地点深埋了一批口径分别为150毫米、105毫米、75毫米，三种型号不同的毒气弹，还有一批毒瓦斯罐、剧毒芥子气、糜烂剂等。但至今仍有很多没被发现和处理的毒气弹散落在东北地区，随时随地都在威胁着人们的生活环境和生命安全。

这件抗日战争时期侵华日军使用的防毒面具，是日军使用化学武器屠杀我抗日军民时使用的自防用具，它是日军进行毒气战的铁证。

（刘春杰）

侵华日军使用的回转式射击监察写真机

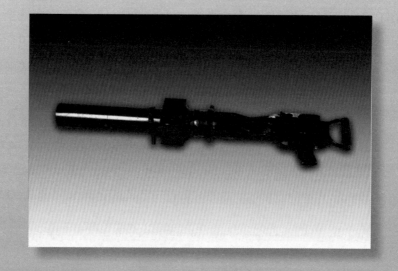

一级文物
长97厘米，管口直径8.3厘米

侵华日军使用的回转式射击监察写真机装在一个土黄色长方形木箱里，木箱上印有"回转式射击监察写真机""第1307号""昭和十七年十月""六樱社"等字样。写真机是一架铁质重机枪式的军用器械，表面喷有黑漆，长97厘米，管口直径8.3厘米，口内装有摄影机镜头，尾部有木质把手，无锈蚀，保存完好。后经鉴定，它是侵华日军进行射击瞄准训练时使用的仪器。此物对研究日本帝国主义的侵华历史有一定的实证价值。

1931年九一八事变后，日本侵略者的铁蹄践踏了中国东北大地，东北三省沦为日本帝国主义的殖民地。日本为长期占领东北三省进而吞并全中国、称霸世界，在东北派驻了几十万军队。现哈尔滨市平房区当时是哈尔滨市的近郊。1933年，日本侵略者修筑拉滨铁路，在平房屯附近设置一个小站，称"平房站"。1935年，石井部队开始在平房站以北4公里处勘测圈占土地。1936年春季，"东乡部队"突然设营驻扎，对外称"关东军防疫给水部"。这一年，平房地区开始大兴土木。1938年平房细菌基地基本竣工，到1940年工程才正式结束。平房地区成为当时日本军事重镇，世界上最大的细菌实验魔窟。1938年6月30日，日本关东军发布了"关于设立平房特别军事区域"的1539号令后，平房镇与日本空军八三七二部队营区、七三一部队营区构成特别军事区域，面积达120平方公里。此外，这里还设有日本宪兵队、伪警察所等法西斯统治机构。七三一部队是日本细菌武器研究中心和细菌战指挥大本营。

回转式射击监察写真机就是这些驻军进行设计训练时使用的，也是当时一种比较先进的训练器械。写真机上有瞄准镜、扳机。通过反光镜可以准确地看到弹着点和命中率，必要时可以通过扳机联动摄像机快门把射击过程拍摄下来，用冲洗出来的底片观察研究射击的准确程度。可见当时日本为训练部队着实下了一番苦心。

　　1945 年 8 月，日本战败投降，哈尔滨平房镇的日本驻军仓皇溃逃，许多仓库与营房中的军用物资及生活用品来不及运走，附近的贫苦百姓纷纷前去抢粮食和日用品。家住平房附近的关明喜也随大家去了军营，他见有一个木箱就捡了回来，到家打开一看像是个炮筒，心中害怕，没敢声张，就一直把它藏在家中仓房的天棚里。

　　1996 年 4 月，为纪念哈尔滨市解放 50 周年，东北烈士纪念馆、黑龙江省博物馆和《新晚报》联合举办"龙博杯"近现代文物有奖征集活动。在此期间，关明喜（已故）的女儿关凤兰提供了其父家中存有一件日军侵华时留下的武器的线索。4 月 16 日，东北烈士纪念馆文物征集人员和关凤兰一起驱车来到了关明喜生前的居住地——哈尔滨市南岗区红旗满族乡明星村，征集到了这件珍贵的日本侵华罪证文物。

（孙桂娟）

侵华日军第七三一部队的石井式细菌炸弹弹壳

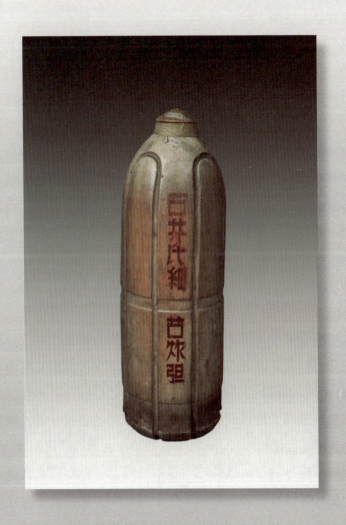

一级文物
高 68 厘米，腹围 72 厘米
陶质，重 8.75 千克

　　这是一枚陶质的细菌炸弹弹壳。高 68 厘米，腹围 72 厘米，重 8.75 千克。它是日本军国主义从事细菌武器研制、进行细菌战的重要罪证，一级文物。

　　第一次世界大战后，日本军国主义为了达到征服亚洲称霸世界的目的，竟然不顾国际舆论的强烈反对，公然违背国际公约，在中国及日本国内大规模从事生化武器研究，甚至在中国东北毫无人性地用活人做试验，并在侵华战争中进行残酷的细菌战与化学战。设立在哈尔滨的日本关东军第七三一部队（对外称"关东军防疫给水部"）就是其在中国东北进行细菌实验、研制细菌武器和进行细菌战的特种部队之一。这支臭名昭著的部队，残害、杀戮大批东北抗日军民，其罪恶行径罄竹难书。因其由日本军医石井四郎创建，石井又两次出任部队长，所以又称"石井部队"。

　　20 世纪 30 年代初，尝到战争好处的日本军国主义者，疯狂地对外实施侵略扩张。但是，日本毕竟国土面积小、资源匮乏，难于承担大规模的战争，因而当局将目光放在制造细菌武器上。在日本军国主义当局苦于缺乏这方面人才之际，身为细菌研究者的石井四郎粉墨登场。他四处宣扬各强大国家都在进行细菌武器研制工作；从战略角度来看，细菌武器乃是一种很有利的进攻武器；缺乏资源的日本若不进行此种准备，在将来的战争中会遇到严重困难，等等。石井四郎所提出的细菌战构想与日本当局及一批军国主义分子一拍即合，在日本陆军省的推荐和支持下，日本天皇批准了石井四郎的细菌战主张，于 1932 年 8 月，在东京若松町陆军军医学校成立细菌研究室，其根本目的就是要发动和进行细菌战。

　　由于七三一部队符合日本侵略扩张政策的需求，因而受到日本军国主义当局的高度重视，其建立、迁移乃至人员编制都是奉日本天皇的敕令实施的，可见其地位的重要性、特殊性。石井四郎也被冠以细菌专家，深得当局器重。尽管他本人生活放荡、劣迹斑斑，曾因贪污军费而被撤职，但出于对实施细菌战的考虑，还是再次启用了他。1933年8月至1937年7月，七三一部队在中国进行了大规模的细菌实验活动。1939年7月至1945年8月，七三一部队参加了在中国各地实施的细菌战。

这种细菌炸弹是石井四郎亲自设计的，故称"石井式细菌炸弹"。它与一般炸弹有很大区别，细菌炸弹弹壳为陶质。弹壳体表面及内部有两条类似于曲别针样，呈"M"形分布的沟槽，腰部有一条两厘米横槽。弹壳头部有一个螺旋口，用于安放雷管及引信，尾部装有调节降落速度的设备。弹壳沟槽内放置少量炸药即可使弹壳爆裂，爆炸时热量小，不会伤害弹壳内细菌或带菌跳蚤。细菌弹，从飞机上投掷后，在距地面100～200米高度爆炸，弹内细菌或带菌跳蚤可大面积散落到地面。万一细菌炸弹落到地面，强大的冲击力，足以撞破陶制外壳，也可使细菌泄漏到地面。1941年6月，七三一部队曾经在安达进行过细菌弹的爆炸试验。

1945年日本战败，七三一部队在撤退之前，炸毁了该部驻地的主要建筑，销毁了几乎全部的仪器设备及重要资料，企图逃避罪责。东北光复后，中国有关当局和专家学者对七三一部队驻地进行调查时，发现了这枚细菌炸弹弹壳。1959年初，哈尔滨市卫生局跃进展览馆，将该物拨交给黑龙江省博物馆，后移交东北烈士纪念馆收藏。这枚细菌炸弹弹壳为半成品，现全国仅存两枚，极为珍贵。该物是侵华日军第七三一部队从事细菌武器研制活动的铁证，它向世人展示了日本军国主义的侵略性、疯狂性、凶残性，时刻提醒人们不要忘记七三一部队令人发指的反人类罪行。

（于文生）

李靖宇使用过的放大镜

二级文物
手柄长 7.3 厘米，玻璃镜片直径 8 厘米
镜片外包圈及手柄为黑色塑料
手柄与镜圈相接处有裂纹，用白色医用胶布缠绕

这枚放大镜的圆形玻璃镜片直径 8 厘米，手柄长 7.3 厘米，镜片外包圈及手柄均为黑色塑料。手柄与镜圈相接处有裂纹，以白色医用胶布缠绕。

李靖宇，原名李国安，辽宁省辽阳人。1931 年九一八事变之后，日本侵略者侵占了中国东北。在国家危难之际，1933 年，李靖宇来到哈尔滨东珠河县（今尚志市）一面坡，参加了大青山抗日救国军，从这里走上了抗日救国的道路。先后任大青山抗日救国军总指挥部参谋长、东北人民革命军第三军第三师参谋长、东北抗日联军第三军参谋长等职。

1938 年 2 月 4 日，由戴鸿宾、李靖宇等率领的由第三、六军组成的 500 余人的骑兵队伍，向边境地带的萝北县肇兴镇发起进攻，准备以军事胜利迎接去苏联请求帮助的赵尚志的归来。双方激战 5 个小时，互有伤亡。为避免被增援的日军围歼，我军主动撤离。途中，与前来支援的大批日伪军遭遇。作战中，李靖宇右腿不幸被子弹打穿。李靖宇随部队撤退至苏联境内，入院治疗。

1938 年 6 月，李靖宇伤愈后向苏方提出了回国继续抗战的要求，但鉴于他各方面优异的条件，被苏联远东军司令部情报部门看中，经过一些必要的学习训练后，被派遣为共产国际驻奉天（今沈阳）情报组织部长，开始了长达七年之久的紧张艰险、危机四伏的隐蔽战线工作，直到抗战胜利。

1945 年东北光复后，东北党委会委员冯仲云以驻沈阳苏军警备司令部副司令的名义，参加了接收工作。李靖宇与冯仲云在抗联三军时就认识，他们在与日寇顽强抗争的枪林弹雨中成为生死患难的战友。9 月下旬，李靖宇找到冯仲云，向他说明了自己这些年的情况，并提出重新回到东北抗联行列的请求。此时，冯仲云正为人手紧张而发愁，老战友的到来使他喜出望外。此后，李靖宇就留在冯仲云身边，协助他进行紧张的接收、整顿沈阳的工作。

当时苏军在东北处于特殊重要地位。各种政治团体、武装力量，得到苏军认可才能合法存在；持苏军通行证，到哪里也不会有人阻拦。苏军受苏联政府与国民党政府签订的条约束缚，开始曾一度不允许关内来的八路军进入沈阳市区，也不许八路军收缴日伪遗留的各种武器。在与苏军协调关系，帮助进入沈阳的八路军分兵到沈阳以南各地收缴敌伪武装、接管城市、扩充部队，协助苏军肃清敌伪残余势力，维护社会治安，保护国家财产等方面，李靖宇在冯仲云的领导下，都发挥了应有的作用。工作中经常需要边看地图边筹划一些相关事宜，而这个小放大镜就在此时派上了大用处。

11月，李靖宇陪同冯仲云欢送抗联朝鲜战友回国，在返回途中不幸遭遇车祸，身受重伤，住进医院。不久，苏军按照双方签订的条约，做把沈阳交给国民党的准备，因此苏军警备司令部的抗联人员要先行撤出沈阳，去往哈尔滨工作。由于国民党军队即将进入沈阳，特务、土匪活动猖獗，绑架勒索、劫夺杀害之事到处可闻。临行前，冯仲云到医院看望李靖宇，并嘱咐他：要多加小心，因为你的身份已经公开，伤好之后就去哈尔滨。李靖宇在医院里心急如焚，12月，伤势刚有好转就去苏军警备司令部打听消息，但出来后即失踪。

（李福琴）

卢冬生使用过的毛毯

一级文物
长 215 厘米，宽 168 厘米
毛质，重 300 克

在长期的革命斗争中卢冬生同志一直没有离开过这条陪伴他多年的毛毯。这条毛毯长 215 厘米，宽 168 厘米，重 300 克，呈浅黄色，上面印有褐色图案。在长期的革命路途中，毛毯的边缘已破损，多处已散线。这条陈旧的毛毯上缝着一块白布，上面用毛笔写着："这块毯子是卢冬生同志的遗产，据说是他在二万五千里长征中带到陕北后又带到苏联，八一五后又带到了东北。冬生同志于一九四五年十一月十六日晚牺牲后，陈云同志将此毯子带到宾县交我保存，现送烈士博物馆陈列。"

卢冬生,1908 年 3 月 6 日生于湖南省湘潭县都一甲史家坳一个雇农家庭，自幼家境贫寒。他 7 岁离家来到湘乡县柳树铺陈赓家当了一名牧童。当时的陈赓年长卢冬生 5 岁，他在山东一座小学校读书，平时非常关心卢冬生，两人成了亲密的小伙伴。卢冬生 10 岁那年离开陈家来到衡阳钢铁厂当了一名学徒工。当时 15 岁的陈赓胸怀大志，怀着满腔热情，为报效祖国，抗日杀敌离家去从军。这件事情深深地影响了卢冬生。1925 年正月，17 岁的卢冬生离开了钢铁厂，投奔到唐生智的湘军第四师当了兵，从此开始了他的军人生涯。次年，该师编为国民革命军第八军,出师北伐,卢冬生跟随部队来到了武汉。

1927 年卢冬生参加了著名的八一南昌起义，是湘鄂西根据地的创始人之一。同年 12 月 7 日经陈赓、王根英介绍，卢冬生同志光荣加入中国共产党，实现了他由一个爱国军人到共产主义战士的历史转变。

1935 年卢冬生同志参加了举世闻名的长征，艰苦的转战，锤炼了他一身豪情意志。在长征路上，他用这条毛毯遮风挡雨，还经常把它盖在战士们的身上御寒，使战士们深受感动。

1937 年底在贺龙的建议下，卢冬生赴苏联学习。这条毛毯他一直带在身边。

1945 年 8 月，苏联红军出兵东北，卢冬生也回到祖国，不久来到哈尔滨。

1945 年 11 月 16 日，陈云、张秀山等同志抵达哈尔滨，在南岗区大直街 26 号召开秘密会议。会议开到晚上 11 点左右，考虑到安全，同志们建议陈云转移到别处去住，但行李放在原中共滨江工委需要派人取回来。当时陈云的秘书准备和警卫员去取，考虑到当时哈尔滨社会秩序混乱，有少数的苏军士兵违纪严重，时有动乱发生，危险性很大。因此，卢冬生主动接受这一任务，因为他会说俄语，有苏军的军官证件。他和陈云的警卫员提着行李在回来的路上，遇上不轨的苏联士兵，拦路抢走行李。卢冬生非常气愤，用俄语怒斥他们，并拿出警官证件。不法苏兵见事情不妙，生怕闯祸，起了杀人之念，趁卢冬生不备，开枪杀害了卢冬生。警卫员趁夜幕逃回驻地，向陈云汇报事况，陈云听后连声说道："令人痛惜！令人痛惜啊！"可见他内心是多么的悲痛。

陈云同志当即做出指示：立即向苏军有关部门报案，同时派人寻找卢冬生。同志们在老巴夺烟厂下坎的铁路边上发现了卢冬生的遗体。子弹从太阳穴打进去，当时就牺牲了，时年 37 岁。1958 年 10 月，卢冬生的灵柩由东北农学院林场迁移至哈尔滨烈士陵园，由哈尔滨市政府拨专款，为其修建了陵墓和墓碑。贺龙元帅亲自为卢冬生撰写碑文，高度评价了他光辉的一生："中国共产党的优秀党员，人民军队的杰出战士，湘鄂西革命根据地创始人之一——卢冬生同志，他以炽热战斗的一生为中国人民革命做出了卓越贡献，建立了不朽的功勋……我们每一个人都应加倍努力，建设好保卫好我们可爱的社会主义祖国。以此对烈士的崇高敬仰，来告慰烈士的英灵，永志不忘。"

（贾书曾）

李安仁荣获的"战斗英雄"奖章

二级文物

圆形,直径6厘米

银质,重18克

该奖章为银质，圆形，直径 6 厘米，为黄、蓝、红三种颜色，中间为红色五角星，并写有"战斗英雄"四个字，奖章背面刻有"1944.7"等字样。该奖章是东北民主联军第三纵队七师十九团一营二连排长李安仁同志所获，1948 年由东北军区拨交东北烈士纪念馆收藏，二级文物。

　　李安仁，1924 年出生于山东省安丘县菴上镇小陆戈庄一个农民家庭。曾上过几年学，12 岁就跟着父亲干农活，乡亲们都说他是个好孩子。

　　1937 年，李安仁被伪军抓兵，在厉文礼部当勤务员，受了不少苦。1943 年 11 月麻窝战斗时，他才被解放出来，参加了八路军，曾历任战士、副班长、班长、副排长、排长等职，1944 年 10 月加入中国共产党。李安仁同志在战斗中机智勇敢，屡建战功，曾荣获"二等练兵模范"、"一等战斗模范"、纵队"战斗英雄"等光荣称号。1947 年 2 月，在东北"三保临江"战斗中壮烈牺牲，为中国人民解放事业献出了自己的青春。

　　1946 年 4 月四平保卫战中，李安仁参加了激烈的大台山战斗。大台山是一制高点，被敌人攻占，山上守敌两个连，我三营几次发起强攻未成。上级命令李安仁排坚决夺回大台山阵地。李安仁琢磨着：地形对我不利，一个排攻击两个连是不容易的，要想完成任务，必须很好地运用战术。于是他率领全排带着三挺机枪和一门小炮进入攻击阵地。首先，他命令四班从东面悄悄地攻上去，敌人发觉后慌忙抵抗。李安仁乘机指挥机枪、小炮一齐猛烈射击，打得敌人晕头转向。这时，他带领五六班从侧面冲上山去，经过激战，敌人丢下横七竖八的尸体，狼狈溃逃。

　　8 月，在东北民主联军三纵第一届英模大会上，李安仁因作战英勇，屡建功绩，被授予纵队"战斗英雄"称号，并发给英雄奖章和奖状。

1946 年 10 月，东北民主联军攻克辽东西丰城后，部队奉命转移至通化地区，准备进行新的战斗。

1947 年 2 月，大雪覆盖着田野、村庄和条条乡间小路，大地一片白茫茫。

第三次保卫临江的战斗正在进行着。一天，上级命令一连夺回被敌人占领的九一五高地。李安仁排是突击排，他按照命令率领全排首先向九一五高地发起攻击，很快占领高地，将残余敌人压到山脚下。这时，一连又接受了歼灭山脚下敌人的任务。陈连长经过简明有力地战斗动员，便带领部队进入阵地攻击。陈连长命令所有武器一齐开火，掩护李安仁排向前突击，经过一场激战，部队进展不大。这时李安仁又爬回来，向连长建议："集中火力，组织爆破。"连长接受了李安仁的建议，当即命令机枪、小炮集中火力掩护爆破。不一会，敌人的一个主要工事被炸毁了，李安仁排随即发起冲击。在前进中，突然，一颗炮弹在李安仁身边爆炸了，他身负重伤，但他全然不顾，仍指挥突击排继续冲锋。他高喊着："冲！四五班火力要集中，六班从左侧冲！快！"

在这场战斗中，李安仁为中国人民的解放事业流尽了最后一滴血，时年 23 岁。

战后，中国人民解放军东北野战军三纵七师在三源浦为李安仁召开了万人追悼大会，宣布将北岔山（九一五高地）改为安仁山。当地政府为纪念李安仁烈士，在北岔山建立烈士陵园，后又在柳河为烈士修建了英雄纪念碑。

（王冬）

日籍军医佐佐木源吾的医疗手册

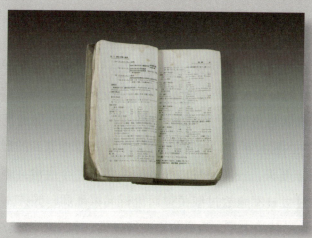

一级文物
长 18 厘米，宽 11.5 厘米
纸质，重 750 克

在东北烈士纪念馆里珍藏有一本日文医疗手册，它是中国人民的好朋友——日本医生佐佐木源吾烈士生前使用的医疗工具书。此医疗手册，长18厘米，宽11.5厘米，重750克，无封皮，白纸已变黄，内文全是日本文字，铅印本，保存较好。

佐佐木源吾是一位国际主义战士。1902年生于日本北海道稚内市，原在日本当医生。1940年被日本政府征召来中国东北甘南县，在开拓团内担任医生。不久，他离开开拓团，到热河省兴隆县（今河北省承德地区）金矿所当医生。他为人正直善良，看不惯日本帝国主义的残暴野蛮行径。他用自己的医术，热情地为中国老百姓看病。他甚至不怕被迫害，为八路军战士治疗伤病，后来受到日本宪兵队的传讯，被迫离开热河，到辽宁本溪、西丰、开源等地自己开诊所，为当地百姓看病。他用自己的医术赢得了中国人民的赞扬。

1945年日本侵略者投降后，他领着13岁的小儿子佐佐木干夫志愿参加我军，被任命为辽北军区第二军分区卫生部第二所副所长（营级）。在当时部队缺医少药的条件下，他把自己过去开诊所时用的全部医疗器械和大量药品献给了部队，受到领导和同志们的赞扬。他奔波于部队与当地百姓之间，为他们治疗伤病，随身携带的这本从日本带来的医疗手册，帮助他解决了不少医疗中遇到的疑难问题。

1946年夏天，我军进驻吉林省瞻榆县城（今通榆县瞻榆镇）。这一带因过去日军施放过细菌弹而流行起霍乱病，佐佐木所在部队有些战士也被传染上了。为了防止疫情蔓延，部队决定成立隔离室，进行抢救。佐佐木医生不顾个人安危，主动要求承担抢救工作。为防止病疫传染，他一个人坚守在病房里，不让青年医务人员进入病室。他诚恳地对大家说："我年岁大了，传染上也不怕。你们都还年轻，中国有许多事情需要你们去做。"大家听了非常感动。在紧张抢救的过程中，因过度疲劳、身体虚弱，降低了抵抗力，佐佐木源吾不幸被传染上了霍乱，虽经全力救治，仍未能好转。他知道自己身体不行了，就把小儿子佐佐木干夫叫到跟前，叮嘱他：要留在中国，跟共产党走，自己死后要按中国的风俗，节俭安葬在当地。1946年8月18日，佐佐木源吾医生以身殉职，年仅44岁。

　　佐佐木源吾牺牲后，他的儿子佐佐木干夫遵照父亲的遗嘱，留在部队当卫生员，改名佐皓。中国人民永远怀念这位为了中国人民的解放事业而献身的国际主义战士。1963年辽宁省人民政府追认他为革命烈士。1979年6月22日，东北烈士纪念馆研究人员温野同志从佐皓手中征集到他父亲生前用过的这本医疗手册，入馆收藏。

（殷晓实）

王大化使用过的化妆盒

一级文物
长15.1厘米，宽10厘米，高2厘米
铁质，重2千克

这个化妆盒长 15.1 厘米，宽 10 厘米，高 2 厘米。铁质、黑色、重 2 千克，是著名人民艺术家王大化在延安时期排练演出时化妆使用的。因多年辗转，盒盖上的黑色漆部分已经脱落，露出白铁的固有本色，呈现斑状，有些沧桑感。化妆盒内有 7 个大小不等的长格子和圆格子，分别装有少量的红、黄、黑、粉及土红等油彩，油彩至今还显露出它的油腻光泽、漂亮色彩。

王大化，又名端木炎，1919 年 6 月 13 日出生于山东省潍坊市一个革命知识分子家庭。在家庭环境的熏陶下，从小受到极高的家庭教育和富有理想的思想教育。1935 年哥哥王大彤引荐弟弟王大化去北平文艺中学读书。就读期间积极参与学校组织的各种活动，参加一·二九学生运动，在抗日救亡运动中接受党的教育，靠近党组织，提高政治觉悟。1936 年 3 月参加中国共产主义青年团，同年 4 月光荣加入中国共产党。

王大化同志生活很清苦，靠团体微薄的一点津贴来生活。他无固定住处，常以"帽儿头""锅盔"充饥。瘦弱的身体还不时地患病，但他潜心创作，积极向上，热情乐观。

1939 年 11 月，党组织派王大化去延安马列学院学习。不久，为纪念十月革命胜利日，学院演出了德国名剧《马门教授》，王大化主演马门洛克医生，给观众留下了深刻印象。1942 年 5 月 23 日，王大化在延安杨家岭聆听了毛泽东《在延安文艺座谈会上的讲话》报告，思想发生了极大转变。他深刻认识到要想成为一名真正的人民艺术家，必须到群众中去，创作广大群众所喜爱的艺术剧目。不久，王大化参与创作并与李波同志共同演出了秧歌剧《兄妹开荒》，此剧轰动延安，流行全国，使王大化成为百姓心中的大明星，新秧歌运动的推动者和实践者。

为到东北开展工作，也就是抗日战争胜利后，王大化带着一腔

王大化使用过的化妆盒

热血，告别了妻子和两个幼小的孩子，跋山涉水，风餐露宿。徒步行程二三百余公里，用长达两个月的时间辗转到达了沈阳城外的烟粉屯。当时鲁迅艺术学校组织上了两支队伍，王大化参加了其中的一支——东北文艺工作团，即"东北干部工作团"八中队。东北文艺工作团主要成员由鲁迅艺术学院各系师生40余人组成。

王大化对美术、音乐、戏剧、文学都有很深的造诣。他身兼编剧、导演、演员数职，担任唱歌、绘画等工作。到达东北后，在东北文艺工作团工作近半年，为市民演出了《黄河大合唱》等剧目。

1946年12月19日中午，王大化率领一个创作组去讷河搜集资料，与战友乘坐一辆货车前往农村。为了照顾战友们的安全，王大化自己坐在车的后部。他们冒着零下40多摄氏度的严寒，行进在凹凸不平的路上。车子行至讷河拉哈附近时，突然剧烈震动，坐在车尾的王大化被甩到车下冻结如冰的土地上。头部负伤，昏迷不醒，经讷河陆军医院确诊为脑出血，因伤势过重，抢救无效，于1946年12月21日19时50分与世长辞，时年27岁。

为纪念王大化，中共中央东北局追认他为革命烈士，东北局宣传部长凯丰同志亲笔题词："悼王大化同志——人民的艺术家"。柳青在《冰雪中悼大化》一文中写道："一个人民戏剧的杰出演员，多才多艺但却老老实实，还可以为人民服务上几十年的人，竟如此短促地结束了他短暂的生命，他是一个优秀的革命家，一个充满创造力的艺术家。他的必要可期的未来成就，虽然随着他的躯体入土了，但他的精神永垂不朽。"

王大化同志牺牲后，这个化妆盒由他妻子任颖保存。这个普通的化妆盒是人民艺术家王大化舞台活动的真实见证。1983年，任颖将它捐赠给东北烈士纪念馆。

（贾书曾）

朱瑞将军奖给高克的怀表

一级文物

表盘直径 4.3 厘米，铜质镀金

　　这是一块铜制镀金怀表,表盘直径 4.3 厘米,附有表链、卡头,现保存完好,仍然可以使用。这块怀表的主人是我军第一位坦克驾驶员高克。该表是 1946 年时任东北人民解放军炮兵部队司令的朱瑞将军为表彰高克在"通化事件"中的功绩,亲自奖给他的战利品。

　　抗战胜利后,我军 11 万大军挺进东北,迅速占领了沈阳、长春等中心城市。不久,出兵东北的苏军命我军从大城市撤离。当时任东北人民自治军司令部保安大队长的高克,在检查沈阳的一些工厂治安时,发现一家兵工厂里有日伪留下的几辆坦克,当过汽车司机的高克格外高兴。他暗想,我们小米加步枪南征北战,打了几十年仗还没有一辆坦克呢,如果把这些坦克弄到我们部队去,对于解放全中国该是多大贡献呀!于是他把侦察到的情况和自己的想法向当时的东北人民自治军司令吕正操及其他领导做了汇报。首长们一致同意他的意见,要求他一定要把坦克弄回来。

　　当时的保安大队均戴着苏军的袖标,高克以保安大队长的特殊身份,几次去这家兵工厂,很快和那些维修保护坦克的日本人混熟了。在交往中他发现有个叫菜田的日本人反战情绪很大,有争取价值。就重点和他搞好关系、交朋友。在他的帮助下,略懂一点技术的高克,很快学会了驾驶坦克。此时,高克也察觉到国民党特务似乎发现了他的意图,几天来一些没见过的陌生面孔不时地出现在工厂附近。事不宜迟,他迅速做好了收缴坦克的准备工作。一天,他戴着写有中俄文的袖标,枪上压满了子弹,独自一人早早地来到这家兵工厂。他发现一些人穿着工作服正在拆卸坦克,便厉声制止,并称这几辆坦克要开出去检查。没等这些人反应过来,高克已经登上了一辆完好的坦克。可是还没等把舱盖打开,几支枪同时对准了他。那几个人同时问道:"你到底是干什么的?"高克扯开外衣亮出了双枪,指着袖标对那几个人说:"我是司令部的,奉命来检查坦克,哪个敢捣乱，我就毙了他！"高克的威严气势，把在场的几个人都镇住了。趁这些人迟疑的功夫，他指挥莱田和勇田上了另一辆坦克，自己也随即钻入坦克，加大油门冲出来，撞开关着的大铁门，隆隆地开到大街上，身后枪声大作，子弹像雨点一样打在坦克车上。不一会儿两辆坦克就开到东北人民自治军设在张作霖公馆的司令部。这是中国人民解放军缴获敌人的最早的两辆坦克，其中莱田和勇田开出的那辆坦克，不久被敌特破坏，只剩下高克驾驶的这辆坦克。随后，他亲自驾驶这辆坦克跟随部队一直撤到吉林通化。

1946年2月3日通化发生了一场以日本人为主的万人暴乱。当天，几名暴乱分子偷偷溜进我军驻地，想把高克驾驶的坦克开走。发动机的轰鸣声引起我军战士的警觉，高克带领几名战士将暴乱分子当场抓获，并把从暴乱分子口中得到的情报及时向朱瑞做了汇报。回到驻地后，高克又将会驾驶坦克的5名日本战俘扣押起来，使暴乱分子驾驶坦克参加暴动的阴谋彻底落空。

暴乱发生后，东北民主联军驻通化支队司令员刘西元指挥一个旅向暴乱分子迅速反击，很快把暴乱镇压下去。事后，东北民主联军一举逮捕了暴动头目，藤田实彦本人在关押中自杀。对于参加暴动的普通日本人，进行教育后都予以释放，不久将他们遣送回日本。

"通化暴乱"平息后，朱瑞将军把缴获的这块怀表奖给了高克。在以后的日子里，高克同志一直把这块表珍藏在身边。1985年12月27日，高克将此表捐赠给东北烈士纪念馆。

（马杰）

李兆麟将军遇害时穿的裤子

一级文物

长 1.05 米，呢料质地

这条染有血迹的深蓝色呢料长裤，长 1.05 米，现保存完好。它是李兆麟将军遇害时穿的，是国民党特务破坏和平、从事政治谋杀的历史物证。

李兆麟将军是著名的抗日民族英雄，曾率领抗日联军在东北战场上纵横驰骋，屡建战功。1945 年 8 月，日本败降。9 月，李兆麟率 100 余名抗联干部到达哈尔滨，建立了东北抗日联军驻哈尔滨办事处并任负责人。同时任哈尔滨卫戍司令部副司令，积极开展建立党组织、建立人民军队和政权的工作。10 月，滨江省政府成立，李兆麟任滨江省副省长兼任中苏友好协会会长。

11 月中旬，由于苏军履行与国民党政府签订的《中苏友好同盟条约》，将东北政权移交给国民党政府，我党军、政机关及武装部队相继撤出哈尔滨市，中共哈尔滨市委转入地下工作。李兆麟成为当时共产党在哈尔滨的唯一公开代表。1945 年冬，按照党的指示，李兆麟辞去滨江省副省长的职务，专任哈尔滨中苏友好协会会长。他利用自己的身份和影响积极团结民主力量，同国民党进行了针锋相对的斗争，为宣传共产党的政治主张，争取实现民主和平而日夜奔忙。

李兆麟的频繁活动引起国民党特务的极端仇恨，在国民党军统特务滨江组拟定的暗杀名单上，李兆麟被排在第一位。军统特务何士英、阎仲章等费尽心机密谋了几套暗杀方案，均因各种原因未能得逞。1945 年 12 月 8 日，特务将哈尔滨日报社干部李钧误认为是李兆麟，枪杀在中苏友协附近。李兆麟意识到自己身处危险之中，但为了党和人民的利益，他已将生死置之度外。他曾对中共哈尔滨市委常委毛诚说："如果我的鲜血能擦亮人民的眼睛，唤起人民的觉醒，我的死也是值得的。"

在几次暗杀行动失败后，敌人又在筹划新的阴谋。他们拉拢在哈尔滨市政府人事室工作的办事员、中苏混血儿孙格龄加入特务组织，让她假称自己是烈士后代，伪装进步，接近李兆麟，寻机将其引到指定地点。1946年3月8日，孙格龄在三八节纪念大会上以省府关主席邀李兆麟商谈国大代表问题为由约他去水道街9号，李兆麟因已有安排未去。之后孙格龄又打电话约他9日下午前去。

3月9日下午，李兆麟从哈尔滨市委乘车返回中苏友协，途中汽车发生故障。他让警卫员李桂林帮助司机修车，恰巧哈尔滨日报社的马车从此经过，他便搭车回到了中苏友协。他告诉秘书于凯自己要去水道街9号，让李桂林回来后去找他。此时李兆麟心系国大代表事宜，无暇顾及自身的安危，而敌人早已布置了周密的暗杀计划。

下午4时许，李兆麟来到水道街9号，向住户打听此处是否有市政府职员，这时孙格龄从楼里出来，将李兆麟引进敌人埋伏好的房间。进屋后，孙格龄端起一杯事先下了毒药的红茶递给李兆麟。李兆麟喝了一口，感觉不对，立刻伸手去掏枪。早已埋伏在厨房的特务阎仲章、高庆三、孟庆云听到孙格龄的暗号后，窜入室内，用匕首向李兆麟胸部连刺7刀，其中一刀贯穿胸背。李兆麟只身同敌人搏斗，双手被割伤多处，终因寡不敌众，加之药性发作，昏倒在地，鲜血染红了将军的衣裤。李兆麟同日本侵略者浴血奋战14年，终于迎来抗日战争的胜利，却在争取和平民主的斗争中，被国民党特务残忍杀害。时年36岁。

噩耗传来，社会各界无不震惊与悲愤。3月24日上午，李兆麟将军追悼大会在哈尔滨道里公园举行，数万市民走上街头，为这位民族英雄送行。

1948年10月，哈尔滨中苏友好协会将李兆麟将军遇难时穿的血裤捐赠给东北烈士纪念馆收藏。

（胡凤斌）

马仁兴的《对四平的地形侦察和敌情研究》

一级文物
长 22.5 厘米，宽 17 厘米
纸质，重 30 克

1948 年，东北军区政治部将马仁兴烈士的一份遗作《对四平的地形侦察和敌情研究》移交给东北烈士纪念馆。这件文物长 22.5 厘米，宽 17 厘米，红色稿纸，用铅笔书写。现纸张已泛黄，边缘磨损，中间有折叠痕迹，前后页有破损，字迹尚清楚，现状基本完好。该文物是研究马仁兴烈士生平及作战指挥艺术的重要文献。

马仁兴，1904 年 8 月生于河北省平乡县张花村，自幼崇敬历史上的英雄人物，立志长大也做一名爱国将领。1921 年，在他 17 岁时参加了陕军，后又投身冯玉祥的国民第三军。1926 年参加北伐战争，后考入开封军官学校。在旧军队中历任团长、参谋长、师参谋处处长等职。1931 年九一八事变后。马仁兴逐步认清了国民党的本质，向往共产党和红军。1938 年 10 月，加入了中国共产党，隐蔽在国民党军队中做了大量的宣传工作。1940 年春，当庞炳勋等部向八路军进犯时，马仁兴毅然率部起义，后被编入八路军一二九师，任骑兵二团团长，从此他率部驰骋于冀中、晋察冀、冀南等地区，多次粉碎日伪军的清剿和扫荡。1942 年创造骑兵袭安平县城的光辉战例，后调任二十九团团长、晋绥第一军分区司令、第七纵队十九师师长。1945 年日本帝国主义投降，马仁兴奉命率部挺进东北，经承德、锦州，进驻沈阳，任沈阳保安第一旅旅长。1946 年 2 月，我军解放四平，蒋介石急令杜聿明夺回四平。马仁兴率部与兄弟部队共同配合，与敌人展开了激战，坚守四平 33 天，这就是著名的四平保卫战。1947 年 5 月保安一旅改编为西满纵队独立一师，马仁兴任师长。此时，东北民主联军已经进入战略进攻阶段，为将沈阳、长春、吉林方面的国民党军队拦腰切断，我军又向四平发起进攻，马仁兴率独立一师任中路突破任务。1947 年 6 月 22 日，在战斗中，敌人的一颗流弹击中了马仁兴的心脏。为了东北解放战争的胜利，为了新中国的成立，马仁兴献出了生命，时年 43 岁。

他的这份遗作对研究四平战役及马仁兴生平具有重要的参考价值。他牺牲后，中共辽吉省委追认他为辽吉功臣，将四平市的共荣大街更名为仁兴大街，以永远缅怀他的功绩和英名。

（曹阳）

马仁兴的对四平的地形侦察和敌情研究

朱瑞将军的手枪证

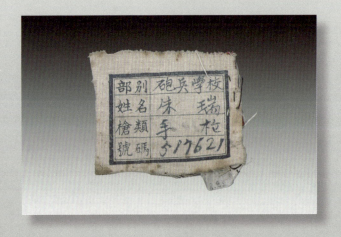

部 别	砲兵學校	
姓 名	朱	瑞
槍 類	手	槍
號 碼	517621	

朱瑞将军的手枪证

二级文物

长 7.5 厘米，宽 6 厘米

棉麻质地，重 19 克

这份手枪证为棉麻质地，陈旧，长7.5厘米，宽6厘米，重19克，藏蓝色字迹清楚，略微褪色。它是中国炮兵建立、成长、发展的历史见证，也是朱瑞为中国炮兵建设不避艰险、呕心沥血的历史见证。

1945年6月，朱瑞被任命为延安炮兵学校代理校长。当时延安炮校的教学条件简陋，不仅缺少必要的教学器材，甚至连讲课用的粉笔都不能保障。朱瑞和炮校政委邱创成带领全校师生，克服重重困难，保证教学任务的正常进行。

1945年9月，炮校第一期1000多名学员毕业。10月，朱瑞率炮校干部和学员由延安出发，步行2000余里，于11月下旬到达东北沈阳。当时东北的情况并不像人们所说的"大炮六千，骡马成群，弹药堆积如山"，日军留下的大炮，好的已被苏军运走，只能偶见因作战而七零八落的残缺炮体。

没有炮，怎么建立炮兵部队呢？朱瑞拿着朱德的亲笔信，经过与苏联远东军总司令再三交涉，才得到一些破旧的小型火炮。面对这种情况，朱瑞毫不气馁，经过多方查访，得知日本关东军散失在东北的枪炮很多，大炮多丢在山野中。据此，朱瑞召集干部会议，及时提出"分散干部，搜集武器，发展部队，建立家园"的指导方针，发动大家到各地搜集武器。朱瑞还身体力行，冒着严寒，带领人员到镜泊湖打捞日军丢弃的大炮。到1946年5月，共搜集到各种火炮700余门、炮弹50余万法、坦克12辆、汽车22辆以及各种零配件和器材，为建设东北人民炮兵奠定了初步的物质基础。

1946年4月，炮校由通化迁往牡丹江。为了迅速发展人民炮兵，朱瑞提出"变学校为部队，拿部队当学校"的办学方针，将炮校500多名干部作为骨干，分散到各军区及总部炮兵旅等单位，扩大炮兵队伍，提高炮兵干部水平。同时，招收新兵到学校训练。朱瑞用搜集来的装备和器材组建了10个炮兵团、6个炮兵营、22个独立炮兵连，共计 80 个炮兵连。还建立了 1 个高炮大队、2 个坦克队和 1 个炮兵修械所。不久，又充实了炮二团和野榴炮团，成立了战车队和高射炮队。东北炮兵已初具规模。

1946 年 7 月，延安炮校更名为东北军区炮兵学校（1949 年为纪念朱瑞改名为朱瑞炮兵学校）。朱瑞为炮校制定了"学与用相结合"的教学方针，在上课学习理论基础知识的同时，不断组织团队参加实践，从中总结、积累经验。10 月，以东北炮兵学校为基础，成立了炮兵司令部，朱瑞任炮兵司令员，邱创成任炮兵政治委员。至此，东北炮兵已形成了一个完整的指挥系统，发展成为一个独立的、强大的兵种。

朱瑞为东北炮兵的建设东奔西走、呕心沥血的同时，正是各式各样的土匪武装活动猖獗的时期。据不完全统计，1946 年的东北各地，以各种名目出现的土匪武装不下 10 万人。这些土匪武装横行肆虐，疯狂作恶，经常截击、袭击往来的小股民主联军部队，甚至进攻民主联军进驻的村镇、县城，不时有人员牺牲的事情发生。当时，炮兵分散于各地，朱瑞为尽快建立起成熟的炮兵部队，经常不顾危险，风尘仆仆地来往于相距数百里的各部之间，督促检查部队训练，指导工作。为了保证他的安全，部队为他配备了一支手枪，并发给他一份配枪证明。

1948 年 10 月 1 日，在辽沈战役攻打义县的作战中，朱瑞亲临前线指挥作战，不幸触雷牺牲。他是牺牲在东北战场上的我军最高级别将领。

（李福琴）

刘英源为修复发电机制造的刷管器架

一级文物

在东北烈士纪念馆有这样一件珍贵的文物，它是解放战争时期老工人刘英源为抢修发电设备而自制的"土"工具——刷管器的底架。刷管器是在两根 5 米长的铁轨上，安装有四轮小滑车、小型电动机，顶端配有旋转的毛刷，并可前后移动，用它来清洗发电机复水管内的沉积物，以保证发电机的正常运转。

1946 年 6 月，国民党反动派破坏了停战协议，发动全面内战，7 月 18 日悍然切断了在他们控制下的小丰满水电站的松滨输电线路，停止向哈尔滨送电。哈尔滨电厂虽然是黑龙江地区最大的火力发电厂，但设备隐患严重，加上日本侵略者败退时的破坏，三台较大的机组均被烧毁，不能发电，仅剩下两台小型机组维持发电，供应极少数用户。市内居民用不上电灯，吃不上水，大小工厂几乎全部停产，支援解放战争的军需物资加工也被迫停了下来。哈尔滨陷入黑暗和瘫痪之中。

为了尽快恢复生产，支援前线，保证群众生活，抢修发电设备，恢复发电成为哈尔滨解放初期摆在党和政府面前急需解决的重大难题。在军代表的领导下，解放了的工人阶级，发挥了主人翁的革命精神，积极投入抢修发电机组的战斗中。已有 20 年工龄的检修老工人刘英源挺身而出，响应号召，表示"要像前线解放军打败国民党那样，战胜困难，把发电机组修好"。面对缺技术、缺材料、缺设备的困难，刘英源组织抢修队，先把 1、2 号机组修复，接着又带领工友投入 3 号机组的抢修。他七天七夜没离开发电机，饿了啃口"干粮"，困了在机器旁打个盹，睁开眼睛再干。经过这样昼夜奋战，终于修复好 3 号发电机，开始向哈尔滨供电，使全市重点企业恢复生产，全市重见光明。在这次抢修战斗中，刘英源被评为哈尔滨市劳动模范。

刘英源修复的 1、2、3 号发电机，发电占全市用电量的五分之三，还不能完全满足哈尔滨全市的供电需求。为从根本上解决全市的缺电问题，哈尔滨市电业局召开发电会议，讨论如何增加发电量，解决哈尔滨市的用电。

日伪统治后期，哈尔滨发电厂的5、6号发电机就因部件损坏停运，要修复必须运到日本去。可是，不修复这两台发电机，就无法使供电量满足全市用电的需求。面对这种局面，刘英源再一次挺身而出，他建议修复5号发电机。

1946年11月7日，工人们又投入第二次抢修战斗。这次抢修工作难度更大，面对着技术力量不足、原材料缺乏等重重困难，工人们发扬大无畏的拼搏精神，靠着自己的聪明才智，相继解决了更换定子线圈带、叶片与叶根盘脱离的技术难题。发电机安装时，必须找准中心，刘英源自告奋勇钻进汽缸内"找正"，一干就是几个小时，每次出来换气都是满身汗水，呼吸急促。经过一场艰难的抢修战斗，1947年1月13日，5号机组启动成功，投入发电。

修复运转一个多月后，5号发电机又突然因静子磁铁局部发热，线圈绝缘被击穿停止运转。刘英源痛心之余，决心再修复5号发电机。但是这台发电机日伪时期就烧过两次，刘英源经过多日琢磨，想出了将5、6号发电机合并修复的方案。然而，在两机合并修复后，安装过程中遇到中心"找正"的难题。刘英源不顾劳累，一头钻进汽缸里，用千分尺和平衡仪连量带画，一蹲几个小时，连熬六七个昼夜，终于找正了中心。当年"五一"前夕由两台发电机组成的1.4万千瓦大型机组胜利投入运行。

这架刷管器的底架就是刘英源和他的战友们在发电机组抢修中为保持发电机正常运转自己动手制造的一件工具。哈尔滨发电厂一直将其珍重地保存着。后于1982年由东北烈士纪念馆收藏，并被鉴定为一级文物。

（王健）

刘英源为修复发电机制造的刷管器架

203

丛德滋荣获的"战斗英雄"奖章

二级文物

直径 6 厘米

银质，重 18 克

丛德滋获得的这枚战斗英雄奖章为银质，外缘呈放射状，有 12 角星，直径 6 厘米，重 18 克。内有黄色的圆，圆上有一红色五角星，星内有"战斗英雄"繁体字样，保存较完整。

丛德滋，1924 年出生于山东省文登县佟家村一户农民家里。1940 年 5 月，16 岁的高小学生丛德滋出于抗日救国的热情，毅然参加了山东八路军胶东五支队特务营二连，成为一名战士。由于觉悟高、表现突出，参军后三个月，他就光荣地加入中国共产党。

1943 年春，部队进行整编，丛德滋所在的二连改编为西海独立团四连，他升任为副排长。5 月的一天，团部命令四连在掖县李格庄附近公路旁伏击日军砚山中队乘坐的十六辆汽车。战斗打响后，丛德滋抱着一颗弦上拴了长绳的地雷，勇敢地冲上公路，将地雷甩上第四辆车厢里，然后拉响地雷。同时指挥战士们扔手榴弹，并进行猛烈射击。此次战斗共炸毁敌人四辆汽车，击毙敌砚山中队长以下四十余人，取得了巨大的胜利。以后，他又参加多次这样的战斗，均英勇杀敌，成为一名"抗日勇士"。

抗日战争胜利后，1945 年 10 月，丛德滋随部队开赴东北，在东北民主联军第四纵队十一师三十一团一营任政治教导员。在战斗中，他仍然是冲锋在前，身先士卒。

1946 年 4 月下旬，丛德滋率领一营三连坚守在本溪地区的大河沿东山阵地上，阻击国民党新六军几百名兵力的进攻。他带领战士们奋勇杀敌，击毙敌人三百多名。

1947 年 1 月，我军向永甸城的敌人发动进攻，在激烈的战斗中，丛德滋的左臂和脸部不幸被炸伤，团长让他去后方治伤，他坚持不下火线，忍着剧痛继续指挥战斗。

同年 2 月，在宽甸县境内磕子沟战斗中，丛德滋英勇冲杀，不幸头部中弹，壮烈牺牲。由于他战功卓著，战后师部颁布嘉奖令，追认丛德滋为师级战斗英雄与模范政治干部，并呈请总部转请军区追认为军区战斗英雄，同时授予"战斗英雄"奖章一枚。

1948 年 10 月，东北烈士纪念馆建成开馆时，东北军区将丛德滋烈士的档案和追授他的这枚"战斗英雄"奖章移交东北烈士纪念馆陈列展出，对缅怀先烈英雄业绩、激励广大群众有着深刻的教育意义。

（温宇）

"苦奔千里　参战灭蒋"锦旗

横 78 厘米，纵 73 厘米

丝绸质地

这是东北解放战争时期部队赠给后方支前群众的锦旗。该旗质地为丝绸,杏黄色,横78厘米,纵73厘米。旗中间有"苦奔千里参战灭蒋"8个字,上款为"北安省铁力县民工队",下款为"东北解放军十九师五十六团赠"。旗四边镶有麻布边,并缀以黑色花边。

东北解放战争时期,作为战略大后方的黑龙江地区,在"一切为了前线"的口号下,各省军民集中大量人力、物力、财力,全力支援前线,为东北的解放乃至全国的解放做出了重要贡献。

1947年1月至3月,靠近前线的松江省、嫩江省和哈尔滨市首先承担起为"三下江南"作战提供战勤服务的任务。经过土地改革,翻身后的农民积极响应党的号召,纷纷要求参加担架队上前线,把好车好马用于战勤。他们冒着敌人的炮火,向前线输送物资,保证了前线20万军民的军需供应,并使伤病员能够迅速、安全地转运到后方,显示了人民战争的巨大力量。

同年4月,东北行政委员会颁布了《东北解放区人民爱国自卫战争勤务暂行规定》。根据这一精神,黑龙江地区各省委、省政府相继制订了有关战勤工作的具体法令和办法,建立健全了各级战勤动员组织。为适应战略反攻的需要,各省组成战勤支队,县组成战勤大队,区以下组成战勤中队、分队等,分别由各级干部担任队长、政委和教导员。当时铁力县(今铁力市)组织了许多民工队、担架队、大车队随军转战。广大干部和群众不顾敌人的狂轰滥炸,向前线输送粮食、弹药,向后方运送伤员,完成了上级下达的各项支前任务,极大地鼓舞了部队的斗志。

解放区广大人民群众的大力支援,是人民解放战争迅速取得胜利的可靠保证。据不完全统计,在三年多的解放战争中,黑龙江地区直接参加战勤,同部队共同战斗在前线的民工达130万人次,出动担架2.5万副、大车3万辆、马13万匹。支前群众不畏艰难险阻,不怕流血牺牲，涌现出许多可歌可泣的英雄事迹。

东北人民解放军第七纵队第十九师五十六团广大指战员被支前群众的精神所感动，特意制作这面凝结着军民战斗情谊的锦旗，赠送给铁力县民工队。

1956 年，东北烈士纪念馆从铁力县征集到这面锦旗，入馆收藏。

（生枫凯）

『苦奔千里 参战灭蒋』锦旗

刘英源荣获的"特等劳动英雄奖状"

一级文物
横 37.5 厘米，纵 26.5 厘米
纸质

这是一张微微泛黄的白色纸质奖状，横37.5厘米、纵26.5厘米，竖排版从右至左写着："奖状 查哈尔滨市电业局 发电厂刘英源工作积极热心为人民服务堪选为特等劳动英雄特此发给奖状以资鼓励 右给 刘英源 哈尔滨特别市长刘成栋 中华民国三十六年四月二十八日"。它是解放战争时期大后方工人忘我生产、支援前线的典型物证。

1946年7月18日，国民党切断了其控制下的丰满水电站供电电源。电厂停工，居民停电，使支前生产和人民的生产生活陷入困境。当时处于备用状态的哈尔滨发电厂，两台容量较大的5号、6号机组早在日伪统治时期就因绝缘不良而烧毁；容量小的1号、2号、3号机组本身有缺陷，加上日本侵略者败退时进行了大规模、有组织的破坏，设备不能运转。关键时刻，哈尔滨发电厂技术水平最高的老工人刘英源挺身而出，主动接受了组织工人抢修电机的艰巨任务。面对缺技术、缺材料、缺设备的困难，刘英源与工友们经过昼夜抢修，把三台小发电机修好发电了。

修复的1、2、3号发电机，发电总容只有7000千瓦，占全市用电量的3／5，还是不能满足哈尔滨全市的供电要求。为从根本上解决全市的缺电问题，哈尔滨市电业局召开发电会议，邀请30多名技术工人参加，讨论如何增加发电量，解决哈尔滨市的用电问题。

哈尔滨发电厂容量较大的5、6号发电机在日伪统治时期就曾出现过问题，必须由日本技术人员运回日本去修理，这方面的技术是对中国技工保密的。可是，不修复这两台发电机，就无法增加供电量满足全市的用电需要。面对这种局面，刘英源大胆提议先修复1.4万千瓦容量的5号机。电业局采纳了他的意见。第二天，刘英源就带着工友分解5号机，发现主要问题是发电机线圈绝缘材料烧坏了，汽轮机14级叶片与叶根盘脱离1.5毫米。问题找到了，他首先把自家保存多年的绝缘材料献给电厂，又向全厂发出号召，捐献器材，

刘英源荣获的「特等劳动英雄奖状」

211

修复发电机组。全厂工人捐献的器材源源不断地送到车间。克服了技术、材料难关，终于修好了发电机线圈。接着，刘英源凭借多年钳工功底，利用镍铜做成紧口，把汽轮机叶片与根镶住，使叶片和叶根盘固定在一起，解决了叶片和叶盘的脱离难题。在汽轮机"找正"的过程中，人要钻进汽缸内工作，这套技术中国技工都不懂。刘英源自告奋勇钻进憋闷的汽缸内"找正"，一小时出来换一次空气。当最后一次他"找正"钻出汽缸时，敝得脸色青紫，眼前发黑，身子一晃就软软地瘫坐在地上。经过一场艰难的抢修战斗，刘英源等人终于在1947年1月13日把5号发电机修复发电。1月15日，哈尔滨市召开奖励大会，刘英源被授予"一等劳动英雄"称号。

修复运转一个多月后，5号发电机又突然因静子磁铁局部发热，线圈绝缘被击穿停止运转。这台发电机日伪时期就烧过两次，再搜寻旧材料修也难免不烧。怎样才能确保发电机不再次烧毁、牢靠发电呢？刘英源经过多日琢磨，想出了将5、6号发电机拆解，利用各种没有故障的部分合并修复的方案。经过艰苦的努力，4月底，修复改造胜利完成，电机投入运行，发电量达到9000千瓦，从根本上解决了困扰哈尔滨市民生产、生活的用电问题。

1947年4月28日，在哈尔滨市第三届英模大会上，刘英源当选为"特等劳动英雄"，这张奖状就是他在这次英模大会上获得的。东北电影制片厂以他的事迹为题材，拍摄了影片《光芒万丈》。这件反映工人阶级自力更生、艰苦奋斗精神的重要文物是黑龙江省博物馆1958年从哈尔滨火力发电厂征集到的，1985年拨交给黑龙江省革命博物馆，现由东北烈士纪念馆收藏。

（于丹）

刘景瀛荣获的"拥爱模范"奖章

二级文物

长 5.5 厘米，宽 5 厘米

铜质，重 21 克

　　这是一枚铜质奖章，由红五角星、黄色麦穗、绿色稻叶和蓝色花带等图案组成。其中，红五角星上写着"拥爱模范"四个白字，四周是黄色麦穗和绿色稻叶，在五角星的两角中间有一个蓝色的花带图案。该奖章长 5.5 厘米，宽 5 厘米，重 21 克。这枚奖章是解放战争时期东北民主联军第三纵队七师十九团一营卫生班班长、曾七次当选为模范工作者并荣获"红色救护英雄"光荣称号的刘景瀛同志获得的。刘景瀛同志牺牲后，1948 年东北军区将这枚奖章拨交东北烈士纪念馆收藏，现为二级文物。

　　刘景瀛，1925 年出生于山东省临朐县一个农民家庭，从小饱尝辛酸。少年时期，正逢日军侵华。日军铁蹄肆意踏入山东境内的时候，他目睹侵略者的残暴，百姓惨遭杀害。15 岁的刘景瀛心中燃起复仇的怒火，决心同侵华日军进行战斗。1938 年八路军经过他的家乡，他怀着满腔爱国热情，要求参加抗日队伍。他凭借坚决的态度，最终被批准加入八路军。

　　参军后，刘景瀛在山东纵队一支队一团当通讯员，在同志们的关心爱护下，他如饥似渴地学习文化知识，学习革命道理，渐渐开阔了眼界，懂得了中国共产党与中国革命的关系，明确了共产党员的义务。他决心严格要求自己，积极工作，争取早日加入党组织。组织上看他聪明好学，便派他去卫生员培训班学习。1941 年 6 月毕业后，刘景瀛被分配做卫生员工作。他积极钻研业务，努力工作，并于 1943 年加入中国共产党。

　　1947 年 4 月，刘景瀛所在的东北民主联军第三纵队奉命进驻柳河地区休整。为了使部队战术技术水平进一步提高，有力地打击敌人，全团开展学习英雄人物，在火线上再立新功运动。指战员纷纷制订计划，表决心，战士们相互展开挑战应战。此时，刘景瀛已提升为师卫生部医助，他坚决表示要在火线上再立新功。5 月 13 日，三纵队主力向吉奉线展开攻势。14日，击退敌人一个师。16日下午，我军在清原甘井子沟与敌新二十二师相遇。这是一场硬仗。此刻，刘景瀛和战士们充满信心，一声炮响，清脆的冲锋号声响彻云霄，三排战士如下山猛虎冲上前去。敌人以猛烈的火力顽抗，因敌火力太猛，两次攻击未果。这时，刘景瀛高声喊道："同志们，立功的时候到了，拿出行动来！"战士们个个斗志高昂，喊声震天，一颗颗手榴弹投向敌群，一阵阵排子枪射向敌人，只听"轰轰"一阵巨响，敌人纷纷中弹毙命，不一会就解决了敌军一个排。有的战士负了重伤，刘景瀛急忙为伤员包扎，并把他们抢下阵地。在这硝烟弥漫、炮火齐鸣的火线上，刘景瀛舍生忘死，一连抢下六名重伤员。忽然，一颗炮弹，在他身边爆炸，他的左腿被炸伤了，鲜血直流。此刻，他顾不得给自己包扎，同志们劝他暂时休息一会，他摇摇头说："卫生员在任何情况下都不能丢下伤员，我这点伤不算什么。"他不顾个人的安危，拖着带伤的腿，忍着剧痛，迎着炮火，继续抢救伤员。隆隆的炮声震撼着整个阵地，一排排战士也冲了上去。这时离敌人只有五六十米远，刘景瀛发现一班长负了重伤，他借着烟雾，奋不顾身地冲上前去。一阵密集的子弹向他射来，他倒在一班长身上，两位勇士的热血流在一起，湿润着祖国的神圣土地，写下悲壮的颂歌。

刘景瀛牺牲后，师部将他生前的卫生班命名为"景瀛班"，赠送锦旗一面，并追认他为"红色救护英雄"。

（王冬）

刘景瀛荣获的『拥爱模范』奖章

麦新的歌曲笔记

一级文物
长16厘米，宽10厘米
纸质，一套多件

音乐家麦新的遗物包括民歌汇集、歌曲笔记和日记等，共计 10 本。现纸张微黄，个别字迹略有模糊，但整体完好。它对研究麦新的作品及其走过的创作道路都是难得的第一手资料，具有很高的史料价值。

麦新，原名孙培元，1914 年 5 月出生于上海一个小资产阶级家庭。1928 年父亲故去后，家境衰落，麦新被迫从中学辍学。

1935 年，全国抗日救亡运动不断高涨，麦新的爱国热情也日趋强烈。他喜爱音乐，参加了"业余合唱团""歌曲作者协会""歌曲研究会"等进步音乐团体，经常与著名音乐家聂耳、冼星海、吕骥、贺绿汀等一起探讨、研究歌曲创作及音乐救亡运动中出现的问题。他还积极参加上海抗日救亡团体"民众歌咏会"的演唱活动，并成为骨干。

1937 年卢沟桥事变爆发后，二十九军的官兵进行了坚决的抵抗。麦新为二十九军大刀队保家卫国、英勇杀敌的精神振奋不已，强烈的创作欲望使他辗转反侧，夜不能寐，一曲铿锵的旋律从心底迸发出来："大刀向鬼子们的头上砍去，二十九军的弟兄们！抗战的一天来到了，抗战的一天来到了……"这首《大刀进行曲》一经问世，迅速传遍了城镇乡村，传遍了前线后方，成为振奋民族精神、争取民族解放的时代号角。

为了更好地普及抗日救亡歌曲，1936 年至 1938 年，麦新与孟波两人通力合编了三集《大众歌声》，共收编各类进步、抗日歌曲 294 首。这些歌曲流传全国各地，极大地鼓舞了中国民众的抗日斗志和胜利信心，推动了群众性抗日救亡歌曲运动的发展。后经周恩来批准，麦新于 1940 年奔赴延安，实现了他的夙愿。到延安后，麦新在鲁迅艺术学院音乐工作团普及科任副科长，后来又任音乐系党支部书记。他参加了延安的大生产和整风运动，还参加了著名的"延

麦新的歌曲笔记

安文艺座谈会"，聆听了毛泽东的重要讲话，受到极大的教育和鼓舞，决心以实际行动，走与工农兵相结合的革命文艺道路。

1945年，抗日战争胜利后，麦新随干部工作团奔赴东北，历经3个多月时间，行程近两千公里，于12月间到达通辽。当时中共辽西地委刚组建成立，准备让麦新留在地委工作，但他却坚持要求下基层锻炼。临别时，地委书记吕明仁送他一把匣子枪，并嘱咐说："把这家伙带上，下去以后要好好练枪法，熟悉熟悉武装斗争。现在我们工作的中心，就是剿匪反霸，跟土匪周旋，不很好地掌握武器，到时候要吃亏的。再就是运用你的专长，发挥教育群众的音乐这杆枪的作用，多为群众写些歌子唱，这是发动和联系群众的有效方法。"麦新紧握手枪，激动地说："吕书记，您放心，我一定按照您说的去做，用枪和音乐这两种武器，为人民服务。"

麦新是一位创作热情高、多产的音乐家。他经常到各地采风，获取创作素材和灵感。有反映劳动、婚庆、祝寿的，有哭丧、吊孝、念经的，情歌也占了相当大的比重。他的歌曲笔记记载了他生前工作、学习、音乐创作、音乐理论著述及个人生活感受等内容，历年的创作目录及抗日战争时期、解放战争时期的部分词曲手抄稿也收录其中，包括《抗战进行曲》《中国妇女抗战歌》《游击队员歌》等著名歌曲。

1947年6月，时任辽宁省开鲁县委组织部部长的麦新赴新赵地区检查工作，途中与土匪遭遇。麦新和李排长等4人，与100多名凶恶的土匪血战两个小时，终因寡不敌众，全部壮烈牺牲。

麦新牺牲后，中共开鲁县委将这组珍贵的文献寄给东北烈士纪念馆。

（李威球）

李忠科荣获的"勇敢奖章"

二级文物

直径 3.5 厘米，编号 1609

铜质，重 33 克

　　该奖章为铜质，呈圆形，直径3.5厘米，重33克。奖章中心为绿底、黄色持枪战士剪影，其外围蓝色圆圈被两个黄色五角星分隔为上下两个半圆，上半圆刻有黄色"东北民主联军"字样，下半圆刻有黄色"勇敢奖章"字样，最外围为黄蓝红相间尖头柱条，背面刻有奖章编号1609。它的获得者是东北民主联军第六纵队十六师四十八团五连班长李忠科。它是东北民主联军授予战斗英雄的荣誉奖章。

　　1946年初秀水河子战斗结束后，李忠科随投降的国民党第十三军八十九师加入东北民主联军。他性格内向，不喜欢多说话。他入伍后的第一句话就是："我愿意和人民站在一起，打败国民党。"在这简短的话语中，说出了他无限的斗志和对新生活的向往。

　　在他入伍的一个多月后，泉头战斗打响了。当时五连担任的是突击任务，一向沉默的李忠科突然对班长说："这样吧，我的口音和他们是一样的，等一会儿到了前面遇到敌人以后，我只要一喊话，你们就散开队形，往上冲，这样好不好？"此计得到大家的赞同。马上就到进攻的时间了，李忠科一个人借着浓浓的夜色向山头摸去。敌人发现有人正向阵地走来，便大声喊道："谁？"李忠科答道："自家人。"这时全班按照事先的约定快速散开，向山头上冲去。敌人发觉上当，但为时已晚。一阵手榴弹过后，敌人仓皇而逃，还扔下一挺重机枪。占领了山头阵地后，其他人员撤退，只留下李忠科、班长及另外一名战士。这时，四个敌人又向他们发起了反冲锋。李忠科等三人上好刺刀，一声不响地躲在工事里，等敌人到了跟前，他们一跃而起和敌人拼起了刺刀，很快将其消灭。此外，李忠科还缴获了一支美式步枪。

　　1946年9月，北国山村气温骤降，寒气逼人，部队在馒头山一带活动。李忠科看见一户农家人衣不遮体，便把自己的五百块钱和一条裤子都送给了他们，并发动其他人捐钱捐衣服。这家人十分感动。

李忠科转到机枪班以后，行军过程中他都是扛着机枪。在西满地区行动时，他不仅自己扛着机枪还替别人背东西。"二下江南"作战时，他得了病，几天没吃饭，但始终坚持没掉队。从焦家岭回来后，他被提升为副班长。

1947年6月，四平攻坚战打响。在四平大东路，靠近二马路的一座院子里，八班接受了战斗任务，那就是攻占马路东的房子。在防空壕里，李忠科向全班动员："你们敢冲吗？"全班大声回答："敢！"随后，李忠科第一个冲了出去。路口的地堡里一挺机枪紧紧地封锁住这条大街。李忠科趁敌人换枪梭子的时机，带领全班围了过去，敌人吓跑了。李忠科冲到窗前，觉得墙内还有敌人，他一纵身向房内扔了一颗手榴弹，正要冲进时，一颗敌人的手榴弹落在他跟前，李忠科倒了下去，英勇牺牲，时年39岁。

为表彰李忠科英勇的战斗事迹，师部通令命名他生前所在的八班为"李忠科班"，并追认他为战斗英雄。1948年，东北军区将这枚奖章拨交东北烈士纪念馆收藏、展出。它被确定为二级文物。

（李忠庆）

独臂英雄杜宝珠荣获的"毛泽东奖章"

一级文物
直径 6 厘米，编号 1422 号码
银质，重 23 克

杜宝珠荣获的这枚毛泽东奖章，是东北解放战争时期我军授予战斗英雄的最高荣誉奖章。该奖章为银质，中心为毛泽东浮雕头像，其外圈上刻"东北民主联军"，下刻"毛泽东奖章"，外缘有大小各 8 个角象征光芒四射，直径 6 厘米，奖章背面刻有编号 1422，是一级文物。

20 世纪 20 年代初，在军阀混战，民不聊生的黑暗年代里，辽宁省义县城里一户姓杜的木匠家，又诞生了一个男孩，取名宝珠。富人家添丁，喜滋滋；穷人家生子，苦涩涩。苦难伴随着杜宝珠生长，饥肠辘辘的生活，编织成一串苦难的锁链，紧紧地套住了他那幼小的心灵。

1931 年九一八事变后，日本帝国主义侵占了东北，被奴役的人民处于水深火热之中，杜宝珠的家庭生活也更加困难。他刚十多岁，就被父亲送进一家理发店当学徒。那年月的"师徒合同"，实际等于卖身契。幼小的杜宝珠，从早忙到晚，抱孩子，倒尿盆，挑水，做饭……稍有不慎，还要挨打受骂。他实在受不了，跑回家想哀求家里把他赎回来。可是每次偷跑回家，父亲总是流着泪又把他送回理发店。

1945 年底，杜宝珠参加了东北民主联军，当了一名掷弹筒手。沦陷了十四年的东北，刚回到人民的怀抱，蒋介石就迫不及待地派大批军队来强抢胜利果实。1946 年 4 月 15 日，我东北民主联军第六纵队七师为牵制蒋军在南线的进攻，而向驻长春的敌军姜鹏飞部发起攻击。这是杜宝珠第一次参加战斗，担任掩护爆破的任务。他紧跟着班长，随着枪声、爆炸声，他紧张得心怦怦地猛跳。

5 月上旬，敌人调集了十个师的兵力，在飞机、坦克、重炮的配合下，向我四平街猛攻。战斗异常激烈，伤亡很大。杜宝珠和同志们一起在严酷的激战中经受着考验。他冲锋在前，奋勇杀敌。就在这之后不久，杜宝珠光荣地加入了中国共产党。

1947年，我军打响了攻打吉林市外围团山子的战斗。上级决定把突击任务交给九连，九连决定由杜宝珠所在的十一班为攻击尖刀班。

随着三颗信号弹腾空升起，杜宝珠带领全班战士迅速向敌人前沿阵地靠近。敌人集中一切火力拼命封锁道路，子弹雨点般地落在战士们身边。杜宝珠小组利用烟幕弹掩护，迅速冲到敌人阵地前沿，将一包包炸药塞进地堡，前进道路中的敌人火力点被清除了。为了不给敌人喘息时间，杜宝珠带领几名战士迅速绕到后山，当他站到山顶上大声喊"同志们！冲啊！"时，敌人从侧面暗堡里扔出一颗手榴弹，"轰"的一声，杜宝珠的左臂被炸断了。此时，他以惊人的毅力，强忍剧痛用牙齿咬着衣袖，右手端着机枪继续猛烈地向敌人扫射，很快在敌人吹嘘的"模范工事"上飘起了我军胜利的旗帜。攻打吉林市外围团山子战斗结束后，杜宝珠被授予"战斗英雄"的光荣称号，并荣获毛泽东奖章一枚。1948年10月26日，在辽西围歼窝棚战斗中，作为东北人民解放军第六纵队十九师四十九团三营九连三排十一班班长的独臂英雄杜宝珠光荣牺牲，年仅28岁。

杜宝珠牺牲后，部队将他所在的十一班命名为"杜宝珠班"。为纪念这位在东北解放战争中立下赫赫战功的英雄，1966年中国人民解放军四十三军一二八师政治部，将这枚奖章捐赠给东北烈士纪念馆。

当年，杜宝珠还未来得及回到久别的家乡看一眼亲人，就为家乡的解放献出了年轻的生命。他的光辉形象将永远活在人们的心中。

（董琳琳）

陈树棠荣获的"毛泽东奖章"

一级文物

直径 6 厘米，编号 6691

银质，重 23 克

这枚奖章为银质，直径6厘米，中心为毛泽东侧面浮雕头像，其外圈上刻"东北人民解放军"、下刻"毛泽东奖章"，外缘有大小相间各8个角，背面刻有奖章编号6691。这是解放战争时期东北人民解放军为战斗英雄颁发的最高荣誉奖章。此奖章的获得者叫陈树棠。2009年，陈树棠入选"100位为新中国成立作出突出贡献的英雄模范人物"。

陈树棠1924年出生于天津市塘沽区于家堡子一个贫寒的铁路工人家庭。曾辗转于青岛、齐齐哈尔、抚顺做苦工。

1945年8月，日本投降后，陈树棠参加了抚顺煤矿组织的护路队。不久，他加入东北民主联军，被编入第三纵队八师二十二团三营八连。

陈树棠在战斗中英勇顽强，屡建战功。1947年3月，在"三保临江"的辉南战斗中，他只身俘敌61人，缴获轻机枪1挺、步枪43支、六〇炮3门，受到部队嘉奖，给他记特等功一次，授予"独胆英雄"的光荣称号，并颁发给他银质红星战斗英雄奖章一枚。

1947年5月，东北民主联军在东北展开夏季攻势，陈树棠在辉南和王家坊的两次战斗中，共歼灭一个连的兵力，缴获了相当一个连的武器。由于他贡献巨大，功绩卓著，师和纵队党委再次传令嘉奖，又给他记特等功一次，提升他为一排排长，同时授予他毛泽东奖章一枚。从此"孤胆英雄"陈树棠的名字传遍全军。

1947年6月，夏季攻势进入最后阶段。6月25日，陈树棠所在部队奉命在开源县八棵树村南山制高点——三六六高地阻击增援四平的敌军。敌人以两个连的兵力，在飞机大炮的掩护下向我阵地疯狂进攻。一次冲锋被打退了，敌人再次冲上来。面对敌人的波浪式进攻，我军战士顽强抗击，战斗进入白热化。这时，一群敌人冲上山头，将陈树棠包围起来。面对敌人的喊叫声，陈树棠毅然拉响了手榴弹，随着"轰"的一声巨响，人民英雄陈树棠与敌人同归于尽。牺牲时年仅 23 岁。

陈树棠牺牲后，地方政府和部队决定，命名三六六高地为"树棠山"，命名英雄生前所在排为"树棠排"。部队号召全军官兵向陈树棠学习。

英雄陈树棠倒下去了，但更多的英雄站起来了。全军的广大干部和战士，积极响应党组织号召，在陈树棠英雄精神的鼓舞下，在伟大的人民解放战争中，继陈树棠之后，又出现了"第一名陈树棠式独胆英雄——万守业""第二名陈树棠式独胆英雄——单岐山""第三名陈树棠式独胆英雄——曹永河""第四名陈树棠式独胆英雄——王玉林"等，同时还涌现出一大批陈树棠式的模范和功臣。

1948 年，东北烈士纪念馆建馆时，这枚奖章由英雄所在部队送交东北烈士纪念馆收藏。

（李忠庆）

陈树棠荣获的『毛泽东奖章』

李日荣荣获的"毛泽东奖章"

二级文物
直径 6 厘米，编号 6694
银质，重 23 克

该奖章为圆形银质，直径 6 厘米，中间为毛泽东侧面浮雕头像，其外圈上刻"东北人民解放军"、下刻"毛泽东奖章"，外缘为红黄绿三种颜色相间、大小相间的各八个角。奖章背面刻有编号6694，是二级文物。1948 年东北军区拨交给东北烈士纪念馆收藏。

这枚奖章的主人是东北民主联军第一纵队三师八团一营二连班长李日荣。

1947 年 1 月初，在东北民主联军总部的统一指挥下，北满部队集中了 12 个师的兵力，冒着零下 40 摄氏度的严寒，踏着没膝的深雪，昼夜兼程，于 5 日拂晓，在秀水甸子跨越冰封的松花江，开始了"一下江南"的第一仗——进攻吉林省九台境内的其塔木及石屯敌据点。石屯位于其塔木正南 25 公里处，驻扎着国民党军的一个杂牌团。敌军在我军强大的攻势面前，弃城而逃，我军没费吹灰之力就攻占了石屯。

攻占其塔木则是一场硬战。其塔木是国民党防守吉林、长春的重要外围据点，国民党王牌军新一军的前哨阵地，守军共计 700 多人。为防御我军进攻，敌人在这里构筑了比较坚固的防御工事，在镇子四周挖了两米多深的壕沟，并埋设了鹿砦、铁丝网，用交通沟紧连镇内各要点。靠镇子西侧，有一条深、宽各约两米的自然河沟，敌人把河沟靠镇子的一面全砌成同地面成 90 度直角的土墙，并泼上水冻成了冰墙。壕沟边上紧要的地方也修了土墙，同样用水泼成了冻冰墙障。除筑有街心大碉堡外，还在镇子的四周修筑了许多大大小小的地堡，并全用水泼了厚厚的一层冰壳子。整个镇子构成了一个相当坚固的防御体系。但由于其塔木据点过于向前突出，远离本部，成了孤立守点。东北民主联军总部制定了"围点打援"的战略战术，第一纵队一师在其塔木西南张麻子沟一带阻击九台出援其塔木之敌，二师在其塔木西北阻击德惠援其塔木之敌，李日荣所在的三师负责

李日荣荣获的『毛泽东奖章』

围打其塔木。

1月6日中午12时，三师以迅疾的动作包围了其塔木，17时在5门山炮的掩护下向守敌发起攻击。战斗进行得十分激烈。为阻止我军进攻，西南角的敌人倾注了全部的火力。除正面守敌利用民房墙壁上的枪眼向我军猛烈射击外，西北、东北角上的两个大地堡，也竭尽全力向我实施侧射。由于敌军火力密集，当一连占领两个地堡后，仅剩下十几个人，无力再进攻。李日荣所在的二连以及三连相继发起进攻，支援一连，但遭到守敌的顽强抵抗，双方为一个地堡或一间房屋反复争夺。我军由于伤亡过大，被迫停止了进攻。

西南角难以攻进，三师便决定主攻西北角，其他三面佯攻。在战士们英勇顽强地进攻下，外围的第一个大碉堡被攻下了。到7日晨，敌几个孤立的暗堡都已被我军拔掉。激战了十几个小时的我军指战员，这时才感到疲劳和饥饿。暂作休息后，黄昏时又向残敌发起进攻。经过炮轰和爆破，终于打开了几个缺口。战士们在机枪掩护下发起冲锋。晚9时，敌人大部被歼，少数溃逃。

战斗中李日荣表现出色，屡建奇功。他完成了两次爆破任务，炸毁敌人两道铁丝网及鹿砦，并孤身进入敌阵，打下敌人前沿的地堡群，开辟了我军冲锋的道路。同时，缴获了敌人小炮一门、机枪一挺、冲锋枪及步枪三支。又通过敌人火力封锁，完成了两次通信任务。战斗结束后，李日荣因表现出色而荣立三大功，并获得一枚毛泽东奖章。1948年春，李日荣在战斗中英勇牺牲，时年22岁。

李日荣荣获的东北人民解放军毛泽东奖章，是东北民主联军为战斗英雄颁发的最高荣誉奖章。现已成为缅怀先烈、教育下一代的生动教材。

（李忠庆）

东北行政委员会贯彻《中国土地法大纲》的布告

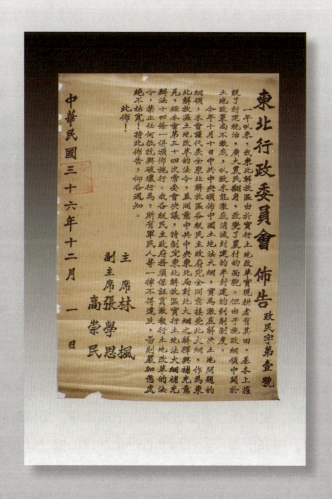

长 74 厘米，宽 54 厘米，纸质

　　这份历史文献是东北行政委员会颁布的政民字第壹号布告，长74厘米、宽54厘米，半开白纸上用黑色墨迹印着的魏体字从右向左竖排，结尾处有东北行政委员会主席林枫，副主席张学思、高崇民的署名。字迹清晰，纸张完整，陈旧发黄。

　　东北行政委员会是中国共产党领导的东北解放区统一的最高行政机关，1946年8月正式成立，1949年8月完成使命。三年间，东北行政委员会领导东北解放区人民在支援前线、土地改革、经济建设、教育卫生、公安司法、民主建设等方面都取得了重大的成就。这份历史文献是1947年12月1日，东北行政委员会为贯彻《中国土地法大纲》而颁布的政民字第壹号布告。

　　早在1946年5月4日，中共中央发布了关于土地问题的指示（即著名的"五四指示"），总结了晋冀鲁豫各解放区反奸清算、减租减息的群众运动情况，农民直接从地主手中取得土地，实现了耕者有其田。群众热情极高，在群众运动深入的地方，基本上解决了或正在解决土地问题。

　　1947年初，全国解放区的土地改革运动有了很大发展，但仍有三分之一的地方尚未实行土地改革。为了总结"五四指示"以来土地革命的经验，更广泛、更彻底地进行土地革命，支援解放战争，1947年9月，中共中央工委在河北省平山县西柏坡村召开了中国共产党土地会议。会议制定了《中国土地法大纲》，并于10月10日颁布，10月30日经中共中央批准公布执行。《中国土地法大纲》明确规定：废除封建性及半封建性剥削的土地制度，实行耕者有其田的土地制度。不但肯定和发展了"五四指示"中提出的将地主土地分配给农民的原则，而且改正了其中对地主照顾过多的不彻底性，成为一个在全国彻底消灭封建剥削制度的纲领性文件。它的公布与实施，总结了中国共产党二十多年土地革命的基本性经验教训，体现了土地改革的总路线，调动了农民革命与生产的积极性，对保证解放战争胜利起到了决定性作用。

为贯彻全国土地会议精神，东北这个老解放区的最高政府机关——东北行政委员会于 1947 年 11 月在哈尔滨召开了第三十四次常委会议，完全接受中央的《中国土地法大纲》，并根据东北实行土地改革的具体情况及其间出现的一些问题，特别制定了东北解放区实行土地法大纲补充办法十四条，与《中国土地法大纲》一并颁布施行。《东北行政委员会贯彻＜中国土地法大纲＞的布告》就是在这样一个背景下，为说明这些决议而公布的，它是东北解放区贯彻《中国土地法大纲》的典型物证，也是反映东北解放区实行土地改革、平分土地运动的重要实物。

这幅布告当时是发往佳木斯的，后存放于佳木斯市政府办公室。1957 年 10 月 2 日，黑龙江省博物馆从佳木斯市政府办公室征集到此布告，1982 年 6 月拨交东北烈士纪念馆保存。

（于丹）

江山村贫雇农委员会之印

正方形，边长3.5厘米，高5.5厘米
木质，重35克

东北解放战争时期，东北解放区开展了轰轰烈烈的土地改革运动，在广大农村建立了基层政权组织，这件文物就是一枚农村基层组织的印鉴。印为木质，正方形，边长 3.5 厘米，印文为阳刻小篆"佳木斯市第一区一乡江山村贫雇农委员会之印"。印钮为不规则长方体，全印高 5.5 厘米，重 35 克，现状完好。

江山村位于黑龙江省佳木斯市东郊，原名高家围子。1945 年日本投降，中国共产党领导的军队抵达这里后，改名为江山村，意为"人民坐了江山"。

抗日战争胜利后，党中央为适应广大农民的土地要求，消灭封建土地所有制，实现"耕者有其田"，于 1946 年 5 月 4 日发出了《关于土地问题的指示》。要求各级党委以最大的决心和努力，放手发动群众，消灭封建剥削，解决农民的土地问题，并在指示中规定了解决土地问题的各项原则。东北解放区的土地改革运动随之展开。

1947 年 7 月至 9 月，中国共产党在河北省平山县西柏坡村召开全国土地会议，总结了"五四"以来土地改革的经验，制定和通过了彻底实行土地改革的《中国土地法大纲》，并于 10 月 10 日经中共中央批准正式公布。《中国土地法大纲》提出废除封建半封建剥削的土地制度，实行耕者有其田的土地制度。还规定由乡村农会接收地主的牲畜、农具、房屋、粮食及其他财产，并征收富农上述财产的多余部分，乡村中一切地主的土地及公地，由乡村农会接收，连同乡村中其他一切土地，按乡村全部人口，不分男女老幼，统一平均分配。同年 11 月，中共中央东北局在哈尔滨召开了北满省委书记联席会议，要求各级党委按照土地法大纲，彻底平分土地，并提出了"打倒地主，平分土地"的口号。

从 1947 年 12 月开始，合江地区进入平分土地阶段。江山村根据上级决定成立了贫雇农大会。贫雇农大会为当时农村中最高的权力机关，一切事情需要由大会决定。大会下设代表委员会，反映贫雇农的意见，执行贫雇农大会的决议。江山村是较大的村，代表数量多，又专门成立了贫雇农代表委员会，承担划分阶级成分、动员参军、支援前线等具体工作。

土地改革运动满足了农民的土地要求，使广大农民在政治上、经济上翻了身，激发了群众的革命热情，从而使参军、支前成为解放区农民的自觉行动，使解放战争获得了政治、经济和军事力量的源泉，有力地保证了人民解放战争的胜利。

这枚江山村贫雇农委员会之印是江山村平分土地阶段使用的印鉴，是解放战争时期合江地区农村翻天覆地变化的重要物证。该文物是黑龙江省博物馆 1962 年从江山村征集所得，1982 年拨交东北烈士纪念馆收藏。

（生枫凯）

绥化县民吉村互助组公约

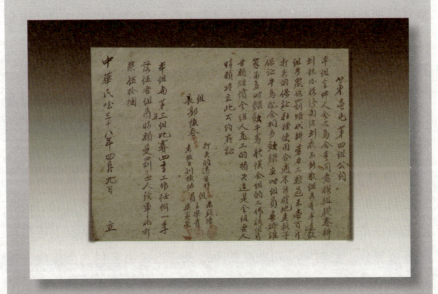

纸质

　　这份《绥化县民吉村互助组公约》是黑龙江省绥化县民吉村互助小组订立的。纸质，行文从右至左，字间没有标点符号，字迹清晰。它是东北地区农村所有制改革的重要文献之一。

　　解放战争时期东北根据地是全国土改比较早的地区之一。

　　1946年春，中共绥化县委组织民运工作团深入农村，实行减租减息，把地租由"四六"分改为"二八"分成。1947年3月，绥化县开展了轰轰烈烈的"砍挖"运动，对地主、封建残余势力展开清算斗争。

　　1947年7月至9月，中国共产党在河北省平山县西柏坡村召开全国土地会议，这次会议由毛泽东主持，总结了"五四"以来土地改革的经验，制定和通过了彻底实行土地改革的《中国土地法大纲》，并于10月10日经中共中央批准正式公布。其中规定：废除封建半封建剥削的土地制度，实行耕者有其田的土地制度；乡村农会接收地主的牲畜、农具、房屋、粮食及其他财产，并征收富农上述财产的多余部分；乡村中一切地主的土地及公地，由乡村农会接收，连同乡村中其他一切土地，按乡村全部人口，不分男女老幼，统一平均分配。此外，对若干特殊土地财产及分配中若干特殊问题的处理办法、土地改革执行机关及保护工商业等，也做了具体规定。在这个大纲的指引下，土地改革运动在解放区广大农村迅速掀起。

　　同年10月，中共中央颁布《中国土地法大纲》，绥化县委又组织大批工作队深入农村，按人口平分土地，实行"耕者有其田"的政策。1948年春，绥化县政府给农民颁发了土地执照。农民在土改中分得了土地，但缺少马、牛等生产资料。绥化县根据中央指示精神，引导农民在自愿互利的原则下，创办了常年、三大季、临时三种形式的互助组。广大农民在互助生产中得到了党和政府的贷款支持，解决了农业生产中的实际困难，提高了生产积极性。这份公约就是黑龙江省绥化县民吉村互助小组签订的互助公约。

公约内容清楚地反映了农民走互助合作道路的积极性和生产热情。这份反映当时农村主要生产组织形式的互助公约，是 1957 年由黑龙江省博物馆工作人员从绥化县十一生产队征集到的，1982 年入藏东北烈士纪念馆。

解放战争时期，全国已有 1.45 亿农业人口的地区实行了土地改革，消灭了封建剥削制度，做到了耕者有其田。中华人民共和国成立后，又在拥有 3.1 亿人口的新区进行土地改革。截至 1952 年 9 月，除新疆、西藏等少数民族地区及台湾省外，全国普遍实行了土地改革。

土地改革真正实现了中国农民数千年来得到土地的奋斗目标，使农民真正从经济上翻身做了主人，从而最深入、最广泛地调动了农民群众的革命和建设的积极性，使农业生产力获得了极大的解放。土地改革还确立了贫雇农在农村中的优势地位，巩固了工农联盟，为引导亿万农民走上集体化道路创造了条件。

（董琳琳）

解放战争时期黑龙江地区的土地执照

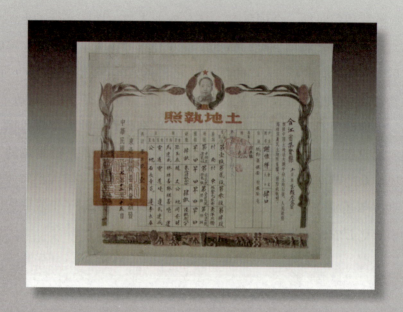

横 26 厘米，纵 22.5 厘米

纸质，1948 年 12 月发放

东北烈士纪念馆珍藏着一张东北解放战争时期的土地执照。它是由合江省集贤县政府以东北行政委员会的名义于 1948 年 12 月发放的土地执照。

这张执照横 26 厘米，纵 22.5 厘米，纸质，彩色印刷。执照正中上方为毛泽东头像，左右两边及上面是由高粱的枝叶组成的边框，底部是农民春种、秋收等一系列劳动场景。在毛主席头像的下方是"土地执照"四个鲜红大字。执照的正文采取传统的从右到左竖写方式，记载了具体发照机关、户主姓名和家庭人口、土地地段亩数等。执照的文字用仿宋和楷体字黑色印刷，具体内容由毛笔填写。落款处盖有"东北行政委员会"的红色篆书印章。现纸张泛黄，保存完好。

抗日战争胜利后，东北地区的战略地位十分重要。我党进入东北地区以后，在广大农村开展了一场轰轰烈烈的土地改革运动。东北地区广大的贫苦农民一直受着地主阶级的剥削和压榨，衣食无着，贫困潦倒，以出卖劳动力为生。当时虽然盼到了解放，但他们更渴望有属于自己的土地。为胜利开展土改运动，1946 年 5 月 4 日中共中央发布了《关于清算减租及土地问题的指示》，7 月 7 日东北局做出了《关于形势和任务的决议》，号召广大干部下乡发动群众，把土地改革作为当时的中心工作。这样，一场前所未有的土地改革运动在东北广大农村轰轰烈烈地开展起来。整个运动分为四个阶段，即清算分地运动、煮"夹生饭"运动、"砍挖"运动及平分土地运动。

所谓的清算分地运动是从 1946 年 6 月到 11 月止，主要是发动群众，没收地主土地分给农民，建立农会，此举摧毁了封建统治的经济基础。煮"夹生饭"运动是针对前一阶段运动中存在的不平衡、不彻底，有的地方甚至没有开展土改运动的情况而发动的，从 1947 年春开始，历时半年。"砍挖"运动是针对一部分地主隐藏财物及农具而发动的，目的是把土地运动引向深入彻底。

1947年9月13日，中国共产党全国土地会议通过《中国土地法大纲》，同年10月10日公布施行。规定废除封建剥削土地制度，实行耕者有其田。它纠正了以往土改工作中的偏差，巩固了解放战争时期全国各解放区土地改革的成果，使各解放区土改运动走上了正轨。《中国土地法大纲》第十一条规定："分配给人民的土地，由政府发给土地所有证，并承认其自由经营、买卖及在特定条件下出租的权利。土地制度改革以前的土地契约及债约，一律撤销。"

12月1日，东北行政委员会颁布《东北解放区实行中国土地法大纲的补充办法》，东北解放区整编队伍、平分土地运动自此全面展开。1948年3月，东北各地平分土地运动基本结束后，由各县政府向农民发放土地执照，保障农民土地所有权。

土地改革运动是中国历史上破天荒的壮举，彻底消灭了封建土地所有制，改变了农村的阶级结构，贫苦农民真正翻身得到解放。这张土地执照就是东北土改运动中发放的。世世代代当牛做马、给地主富农当长工扛活的贫苦农民第一次拥有了自己的土地，激发出空前的政治热情，他们拥护共产党，积极生产，踊跃参军，为解放全中国做出了巨大的贡献。

黑龙江地区是全国解放最早、进行土地改革最早的地区之一，这张土地执照真实地记录着这段历史。

（张忠明）

谢荣策使用过的扎枪头

二级文物
长 34.3 厘米，头部呈四棱锥形
铁质

此枪头为铁质，头部呈四棱锥形，四面各有一条浅血槽，根部有米字凹印，底部为圆形套管，长 34.3 厘米。1965 年 2 月由沈阳故宫博物馆拨交给东北烈士纪念馆。扎枪也称红缨枪，由铁质枪头和木质枪杆两部分组成，枪头与枪杆连接处配有红缨。因年代久远，这支扎枪现仅存枪头部分。

谢荣策，1931 年 11 月 13 日生于辽宁省辽中县茨榆坨村一个贫苦农民的家庭，9 岁就给地主放猪、放牛，由于长期营养不良，所以长得矮小干瘦。但生活的艰苦却练就了他行动上的机敏灵活，养成了他性格上的刚毅倔强。

1947 年冬，中国人民解放军在全国战场开始战略性反攻。1948 年辽中县解放后，解放军主力部队开进了茨榆坨村，组织起农会。谢荣策在小伙伴们的推选下当上了村儿童团长。他白天站岗放哨盘查坏人，晚间和工作队长郑宝库、武装队长肖洪义一起睡在农会炕上，听他们讲革命道理和革命故事。他以杨靖宇、刘胡兰为榜样，无论白天黑夜都认真巡逻放哨。他曾带领儿童团员，抓获两名国民党谍报员。这支扎枪头就是谢荣策担任村儿童团长时使用的。

1948 年春天，驻辽中一带的人民解放军，根据党中央和毛主席的战略部署，陆续开往前线。龟缩在沈阳城里的国民党军队，妄图打通沈辽要道，命令一个骑兵团，乘机对辽中东部四方台、茨榆坨一带进行骚扰。在这严峻时刻，刚满 16 岁的谢荣策不顾疲劳，日夜坚守战斗岗位，同敌人进行英勇斗争。

一天，谢荣策和武装队长肖洪义正在农会屋里擦枪，突然听到远处传来阵阵枪声。不一会儿，有人向农会报告说，从沈阳城窜出来的那股骑兵已经到了四方台，正沿着公路向茨榆坨村扑来。谢荣策和肖洪义不顾个人安危，掩护农会干部、土改积极分子和儿童团员安全撤出农会后，两人才开始转移。当走到村西一座小土岗时，被国民党骑兵发现。敌人追上后，枪口对准他们，凶狠地叫嚷："你们是不是儿童团？快说！不说实话就崩了你们！"谢荣策不慌不忙地说："我们是学生。"谢荣策被敌人捆绑着拴在马缰上，带到村子里。地主宋四坏看见谢荣策，幸灾乐祸地对匪兵说："哎呀？这不是我们茨榆坨村大名鼎鼎的儿童团长谢荣策吗？"宋四坏的一句话，惊动了正在抢东西的匪兵，他们把谢荣策推进屋用皮鞭抽打拷问，但一无所获。当天下午，这伙骑兵押着谢荣策回到团部驻地四方台村。

国民党骑兵团长尚其悦以为谢荣策年纪小，只要稍用严刑就可以从谢荣策口中得到我军情报，酷刑一招接一招。"你们的部队上哪去了？"敌副官恶狠狠地追问。谢荣策瞪着愤怒的眼睛："不知道！不知道！"敌人咆哮着："来人，夹他手指头！"敌人用竹筷子狠狠地夹住谢荣策的十指，谢荣策用尽全力反抗着。一会儿工夫，谢荣策的脸变得苍白，但他还是咬紧牙关，宁死不屈。3月12日早晨，敌副官假惺惺地要请谢荣策吃饭，被谢荣策严词拒绝。

1948年3月13日，天空昏暗，乌云压顶，北风怒吼，古老的四方台大庙前变得杀气腾腾。敌人押着谢荣策和肖洪义，他们昂起头，神色自若，步履坚定地登上广场中的一座小土台。尚其悦骑着马来到谢荣策面前说："怎么样，谢团长，你不怕死吗？"谢荣策坚定地说："怕死就不参加儿童团了！我们的军队一定会打回来，共产党一定会给我报仇的！"敌人无计可施，凶残地下了毒手。谢荣策就义时年仅16岁。

1949年春，共青团辽中县委员会追认谢荣策为革命烈士，将他的遗体安葬在茨榆坨烈士陵园，并立碑纪念，碑上刻着："谢荣策小烈士千古！"谢荣策可歌可泣的英雄行为和坚贞不屈的革命精神，在人民群众中广为流传。

（殷晓实）

董存瑞荣获的 "毛泽东奖章"

一级文物

直径6厘米，编号6695

银质，重23克

董存瑞荣获的这枚毛泽东奖章为银质，直径6厘米，重23克。正中为毛泽东侧面头像，外圈是蓝地隶书体"东北人民解放军 毛泽东奖章"字样，外缘大小相间各八个角，背面有奖章编号6695。奖章的上方有红黄两色的系带。除奖章表面颜色稍有脱落、系带颜色褪成灰黄色外，现状完好。1948年9月东北人民解放军第十一纵队三十二师党委将这枚奖章赠给东北烈士纪念馆。1996年6月被鉴定为一级文物。

董存瑞，全国著名战斗英雄、模范共产党员。1929年10月15日，出生于河北省怀来县南山堡。侵华日军占领怀来县后，八路军在这一带开辟游击区，14岁的董存瑞当上抗日儿童团长，从此开始站岗、放哨、送信，配合民兵割电线、破坏公路。在抗日斗争的烽火中，他迅速成长起来。

1945年8月，董存瑞加入八路军，成为一名人民军队的战士。由于他在战斗中机智勇敢，不怕牺牲，冲锋在前，先后荣立了三次大功。

1948年5月25日，攻打隆化城的战斗打响。董存瑞所在连队担负攻击国民党守军防御重点隆化中学的任务。战斗前，董存瑞接受了战斗中最艰巨的任务，担任爆破元帅。他带领战友接连炸毁4座炮楼、5座碉堡，胜利完成了规定的任务。连队随即发起冲锋，突然遭敌一隐蔽的桥型暗堡猛烈火力的封锁。部队受阻于开阔地带，接连两次对暗堡爆破均未成功。董存瑞挺身而出，主动请战。连长和指导员商量了一下，对董存瑞说："好，你去吧，千万要注意隐蔽。"董存瑞紧攥拳头说："放心吧，不完成任务就不回来！"

只见董存瑞挟起炸药包，弯着腰冲了出去。在我军火力的掩护下，他一会儿匍匐前进，一会儿又借着手榴弹的烟雾，站起来一阵猛跑。桥型暗堡里，敌人的机枪越打越紧，子弹带着尖利的呼啸声，从他的耳边掠过。董存瑞沉着机智，忽左忽右地爬着。敌人的机枪打紧了，他就伏下不动。敌人的机枪稍一停，他就飞也似的向前跃进几米。敌人的机枪又慌忙朝他打过来。

突然，董存瑞扑倒了，随即他猛然爬起来，一阵快跑跳进旱河沟里，进入了敌人的火力死角。他的腿受了伤，鲜血直流。他抱着炸药包迅速猛冲到桥下。这桥离地面有一人多高，两旁是砖石砌的，没沟、没棱，光溜溜，哪儿也没有安放炸药包的地方；如果把炸药包放在河床上，又炸不着暗堡；河床上也找不到任何东西代替支架。怎么办？这时，身后响起了嘹亮的冲锋号声，部队像潮水般地向隆化中学涌来。敌人还在垂死挣扎，暗堡上的砖头一块块被捅开了，十几个暗枪眼一齐喷出火光，子弹像暴雨般射向冲上来的队伍。董存瑞看了看桥底，又看了一眼冲上来却纷纷扑倒下去的战友，他焦急万分。为了消灭敌人，就是粉身碎骨，也要把敌人的碉堡炸掉！他用左手托起炸药包，紧紧贴住桥底，从容镇定地用右手拉开导火索。导火索"嗤嗤"地冒着白烟，董存瑞向冲锋的队伍高喊："为了新中国，冲啊！"随着一声巨响，敌人的碉堡被炸得粉碎，战友们在董存瑞用鲜血和生命开辟的道路上冲进了隆化中学。

1948年6月8日，东北人民解放军第十一纵队党委决定：追认董存瑞为战斗英雄、模范共产党员；命名董存瑞生前所在班为"董存瑞班"。原冀热察行署决定，将隆化中学改名为"存瑞中学"。董存瑞牺牲的地方隆化和他的故乡怀来，分别建立了烈士陵园和纪念馆。1959年5月，朱德委员长为董存瑞烈士纪念碑题写了"舍身为国永垂不朽"的题词。

（李忠庆）

东北野战军十名战士的《立功计划书》

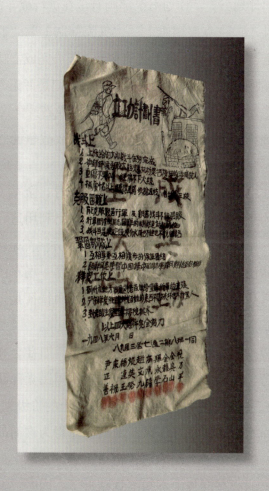

一级文物
长 56 厘米，宽 30 厘米
棉麻纤维质地

这件长 56 厘米、宽 30 厘米、棉麻纤维质地的文献是 1948 年 6 月东北野战军第十纵队十师八十九团三营七连二排八班的 10 名战士写下的《立功计划书》。计划书上部画有正在进行战斗的战士形象；中部从"战斗上""克服困难上""巩固部队上""群众工作上"四个方面制定了立功计划，其上还有褐色"坚决完成立功" 6 个大字；底部有 10 名战士的签名和红色的血手印，他们是尹正善、宋禄、杨连玉、张英发、赵文九、高承权、孙永学、金龙石、全兴山、祝万年。他们用这种纯朴的方式，表达了要为人民解放战争的胜利不惜奉献一切的决心。

根据中共中央部署，1947 年冬至翌年 2 月，全军（在大别山作战的刘邓兵团主力除外）进行第一次大休整，利用这一间隙开展新式整军运动。所谓"新式"，指所采用的整军方法都是新近发明的，或是总结部队已有的新鲜经验加以推广。这是一场军内有秩序、有领导、全体官兵一起参加的民主运动，其鲜明特征是走群众路线，具体方法主要有以下几种。

一是诉苦。从阶级教育入手，动员士兵诉旧社会和反动派给予劳动人民之苦。当时的部队有三种战士：从国民党部队过来的解放战士，老八路，土改后参军的新战士。解放战士的阶级觉悟比较模糊；老战士有八路军的好传统好作风；新战士懂得为谁而战，但思想认识有待提高。把这三种人编为"三合一"班，开一个诉苦会，各诉各的苦，大家的心在诉苦中不知不觉贴近了。同时，解放区是如何搞土改的，蒋管区农民有什么苦处，八路军有哪些好传统好作风，大家也通过诉苦了解了。这种会开上一两天，全班人的阶级觉悟都提高了。

二是开展"三查""三整"。"三查"，指查阶级、查工作、查斗志；"三整"与解放区整党相同，即整顿组织、整顿思想、整顿作风。概括地说，就是放手发动士兵群众，揭发干部所犯错误乃至严重问题；赋予士兵推选干部、待上级委任的权利；士兵选出的代表有权协助连队首长管理连队的给养和伙食，等等。用实行政治民主、经济民主的方法，达到政治上高度团结、生活上获得改善之目的。

三是开展群众性练兵。在部队内部挖掘射击、刺杀、投弹等能手，采用官教兵、兵教官、兵教兵的军事民主方法，借此提高了指战员的军事技术。再就是推广某些部队提高战术水平的做法：作战时连队在火线上开会，发动士兵讨论如何攻克敌阵、如何完成战斗任务；战后，再组织全连官兵检讨作战的优缺点。

新式整军运动一直延续到1948年夏。通过这一运动，部队着力整治错误思想倾向和不良现象，普遍改进了作风，加强了团结，提高了政治觉悟，增强了战斗力与纪律性，密切了军民关系，从而进一步保持了人民军队的本质，顺应了战略反攻的形势。毛泽东认为，"这样的军队，将是无敌于天下的"。

新式整军运动是我军整治工作中的一大创造发明，它在极短的时间内极大地提高了我军的政治素质，使党群关系、军民关系、官兵关系变得更加密切，极大地提高了部队的战斗力。

这份"立功计划书"便是新式整军运动的一个典型物证。1948年10月，东北军区政治部将该物捐献给东北烈士纪念馆。

（李威球）

朱瑞将军牺牲前写给亲人的信

一级文物

横 26.5 厘米，纵 18.5 厘米

纸质，重 25 克

这是一位司令员在决战来临之前写给亲人而未寄出的家信。这封家信是用蓝色钢笔墨水竖行书写在 3 页红格稿纸上的。稿纸横 26.5 厘米，纵 18.5 厘米，边缘稍有磨损，纸面泛黄、陈旧，墨迹稍有褪色。写信人是东北人民解放军炮兵司令朱瑞将军。

朱瑞，1905 年生于江苏省宿迁县朱大兴庄，1924 年考入广东大学，不久加入中国社会主义青年团。1926 年 1 月在中共粤区党委的推荐下入莫斯科中山大学学习，翌年秋入莫斯科克拉辛炮兵学校学习。1928 年加入苏联共产党。1929 年以优异成绩从炮兵学校毕业，不久奉命回国，在上海、武汉、山东等地从事党的军队建设和开辟抗日根据地的工作。1943 年 10 月赴延安参加整风学习。

1945 年朱瑞参加了中共第七次代表大会。会后，朱瑞根据自己在苏联学习的炮兵知识，主动向党中央建议成立炮兵学校。毛泽东十分赞赏他高瞻远瞩的战略眼光，鼓励他"放手做，做一个桥头堡"。不久，朱瑞被任命为延安炮兵学校代理校长。他和政委邱创成带领全校师生克服重重困难，保证了教学任务的正常进行。1945 年 9 月，炮校第一期 1000 多名学员毕业，这批学员后来成为人民炮兵的重要骨干。

日本投降后，炮兵学校迁往东北，正式组建了我军第一支炮兵部队——东北人民解放军炮兵部队，朱瑞任炮兵司令，兼炮校校长。这支新建的炮兵部队，在解放战争中发挥了巨大的作用。朱瑞经常深入前沿阵地，了解掌握敌我战术，不断总结战斗经验，为我军炮兵部队的成长壮大做出了卓越贡献。

1948 年秋，决战东北的辽沈战役即将打响，朱瑞不顾个人安危，坚决要求亲赴前线指挥炮纵作战，以便更好地总结炮兵在大规模运动战和攻坚战中的作战经验。9 月 8 日，他给远在苏北家乡的母亲和哥哥写了一封信。信中朱瑞简单介绍了他和妻儿的情况，然后谈

朱瑞将军牺牲前写给亲人的信

到自己的工作，他写道："我在延安就做炮兵工作了，因我在苏联学的炮兵，我很喜欢这工作。到东北后，人民炮兵大大发展，我很高兴地做着。"朱瑞坚信不久就能打进关内，与家人见面，他在信中写道："这次是真正的胜利了……希望母亲、哥哥、嫂子及小侄等健康，均团圆见面才好！"他在信中要求家人积极响应党的解放区土地改革政策："农民翻身，国家才能强盛。我家有地出租，就是地主，应做模范，把地自动让给农民，这才算名副其实的革命家庭。"

朱瑞将军的这封家信，不仅表达了他对家乡、对亲人的深切思念，对革命胜利的坚定信心，更表现出他对于国家前途与发展的强烈责任感与使命感。这封信尚未寄出，朱瑞便率部参加了辽沈战役。

1948年9月，辽沈战役即将打响前夕，东北人民解放军为清除锦州的屏障，决定攻打义县。义县有敌人守军12 000多人，城墙高大，碉堡地雷密布。朱瑞将军亲自察看地形，布置炮位，选择最佳地点。

10月1日上午，总攻战役开始。朱瑞一声令下，我军大炮发出震天怒吼，顷刻间城墙被撕开一道40余米宽的裂口，部队乘胜发起冲锋，不到6小时即全歼守敌，拉开辽沈战役的序幕。这是我军炮兵自组建以来参加的又一次重大战役。为及时了解战场实际情况，总结经验，朱瑞不顾危险，亲自到突破口检查弹着点和爆炸力，途中误踩上敌人埋设的地雷，壮烈牺牲，时年43岁。

朱瑞将军牺牲后，部队领导和战友整理他的遗物时，发现了这封尚未寄出的家信。当时东北烈士纪念馆正在筹备建馆，面向社会各界征集文物，于是东北军区决定将朱瑞将军的家信和他牺牲时穿着的血衣，捐献给东北烈士纪念馆永久珍藏，作为历史的见证教育后人。

（殷晓实）

政新工厂职工欢迎解放军进驻沈阳的标语条幅

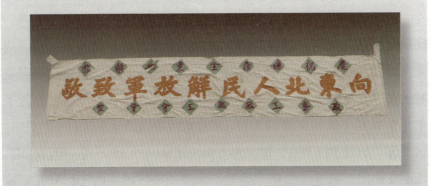

二级文物
横 242 厘米，纵 64 厘米
棉麻纤维质地，重 1.5 千克

在东北烈士纪念馆的馆藏文物中，保存着一条 1948 年政新工厂职工欢迎解放军进驻沈阳的横幅标语，棉麻纤维质地，横 242 厘米，纵 64 厘米，重 1.5 千克，上书"庆祝沈阳全东北解放""向东北人民解放军致敬""政新工厂职工分会宣"，现保存较完好。该文物是政新工厂职工分会为庆祝沈阳解放而向东北人民解放军敬献的欢迎标语，现为二级文物。

抗战胜利后，中国再次走向了命运的十字路口。1946 年 6 月，国民党军队向共产党控制的中原解放区发动进攻，国共大规模内战全面爆发。到 1948 年 7 月初，国共双方兵力的对比，已由战争爆发时的 3.14：1，变为 1.3：1。同年 8 月，东北人民解放军已控制了东北 97% 的土地和 86% 的人口。东北地区的国民党军队有 4 个兵团、14 个军、44 个师（旅），加上地方保安团队共约 55 万人，但被分割、压缩在沈阳、长春、锦州三个互不相连的地区内。由于部分北宁铁路为人民解放军所控制，长春、沈阳通向山海关内的陆路交通被切断，补给全靠空运，物资供应匮乏。当时东北是全国唯一一个人民解放军军力超过国民党军队的地区。同年 9 月，决战的序幕首先在东北拉开。

因此，中国共产党中央军委把决战的第一个战场选在东北。东北地区的重要性在于它既是中国重工业最发达的地区和最大的产粮区，又是侵华日军最早侵占的地区。1945 年日本战败投降后，东北地区成为举世关注的焦点，这里工业发达、资源丰富、交通便利，有上百万高素质的产业工人和众多技师，谁占据了东北，谁就能有效地掌控一块极具价值的战略后方。而且当时东北背靠苏联，边境的军事负担很小，这增添了巨大的地缘价值。因此，东北成为国共两党争夺的焦点。

1948 年 9 月 12 日，辽沈战役打响了，战役历时 52 天，人民解放军通过一系列的运动战、阵地战与攻坚战，共歼灭国民党军 47 万余人。11 月 2 日，中国人民解放军东北野战军攻克沈阳，东北全境获得解放。我党我军关于解放战争和建国事业的全局战略意图，终于能够从以沈阳为重心的东北地区开始全面展开。扭转乾坤，国家的新生在希望的曙光中变得指日可待。

解放的沈阳，城中大街小巷到处贴满了"祝贺沈阳人民获得解放""欢迎解放军"的标语。东北烈士纪念馆现在保存的这件文物就是当时政新工厂职工分会欢迎解放军进驻沈阳的标语条幅。

（马杰）

政新工厂职工欢迎解放军进驻沈阳的标语条幅

东北军区军工部制造的六〇炮

解放战争时期哈尔滨市生产

这是一门解放战争时期哈尔滨市生产的六〇炮。炮身前端固定支架处有轧制的出厂标牌，文字为"六〇炮东北军区军工部1948年第481874号最远射程一千五百米（不得超过四个药包）"。该炮是解放战争时期哈尔滨市人民支援前线的典型物证。

抗战胜利后，为了同共产党争夺东北的控制权，国民党把大量的美械化、半美械化的精锐部队运往东北，依仗着飞机、大炮、坦克等现代化武器优势，向东北解放区大举进攻。而共产党军队的武器仍以老式的步枪、机枪、手榴弹为主。在武器对比悬殊的情况下，前线部队迫切要求后方多提供一些杀伤力较大的武器。东北军区根据前方部队的要求和后方军工生产的实际能力，决定大批量生产体积小、重量轻、携带方便，且构造简单、操纵灵活，能平射、曲射，可有效掩护步兵冲锋，适应于运动战和巷战的六〇炮，并把这项任务交给了刚刚解放的哈尔滨市。

作为全国解放最早的大城市，哈尔滨市成为东北人民解放战争的总后方。全市人民响应党的"一切为了支援前线""一切为了战争胜利"的号召，克服困难，全力以赴投入拥军支前工作。在工业基础比较薄弱的条件下，哈尔滨市充分利用现有条件组织军工生产。

当时哈尔滨市没有专门的兵工厂，最大的机械工厂是中东铁路的机车车辆厂，还有一些私营小型铁工厂。东北军区军工部以哈尔滨车辆厂为核心，将十几家私营铁工厂组织起来，开始生产六〇炮。工人们克服原料短缺以及技术上的困难，夜以继日地生产。

从1946年末到1948年底，全市共生产六〇炮5000门，炮弹5万余发，爆炸筒4002支，八二迫击炮弹20 000发，掷弹筒256个，为我军提供了强有力的物资供给，有力地支援了解放战争。

如今，这类型号的六〇炮保存下来的已为数不多。这门六〇炮是1959年10月由黑龙江省博物馆用黑龙江省军区拨给的一门没有出厂标记的六〇炮与哈尔滨市兵役局交换来的。1982年6月，黑龙江省博物馆将此炮移交东北烈士纪念馆收藏和展览。　　　（张忠明）

方华同志穿过的马裤

长 99 厘米，宽 44 厘米

黑色卡其布制作

这条裤子长99厘米，宽44厘米，褪了色，有些陈旧，黑色卡其布，紫色裤里。这是方华同志在战斗中经常穿的一条裤子，是他在革命生涯中奋勇杀敌，视死如归的见证。这条当年英雄身边的马裤，现收藏于东北烈士纪念馆。

方华同志原名李述方，河南商城（金家寨）人。生于1917年，自幼生长在一个贫苦的家庭里，父亲打零工，哥哥做店员。方华从7岁时开始放羊，10岁参加劳动。在革命的大潮中，方华参加了儿童团，任儿童团团长。1929年参加地方游击队，1930年正式加入中国工农红军第四方面军，1933年加入中国共产党，1934年任红九十九师政治部主任，1935年任红三十军组织部副部长。为发展我国航空技术事业，1938年奉命去新疆学习航空技术。

1942年，方华不幸被捕入狱四年。在狱中，他曾三次绝食，与同志们一起坚贞不屈，与敌斗争。后经组织营救，回到党组织的怀抱。1948年秋，组织派方华同志任东北人民解放军航空学校第二大队长。方华同志一面工作，一面学习，敬业精神可嘉，从不懈怠。1948年，方华调任华北军区航空处处长。

方华同志家境贫寒，饱受旧社会的迫害，参加革命后，又经历了史无前例的长征和西征的艰苦考验。跨雪山，过草地，枪林弹雨，风餐露宿。他身经百战，在战斗中受伤时，总是表现出不怕牺牲的顽强精神。在西征战役的甘北战斗中，身负重伤的他，奋勇抗战，身陷重围，弹尽粮绝，终因寡不敌众而被俘。敌人用尽酷刑，也没能打垮方华同志的革命意志，他始终保持着一名共产党员的英雄气概。

追忆起方华同志在航空部队里的几年，他身负重任，刻苦学习，是战友们的领军人。这条马裤伴随着他在部队中的战斗历程，陪伴着他的生活与学习。艰苦朴素是方华的一贯宗旨，在战友们中间都

方华同志穿过的马裤

是有目共睹的。1949 年 6 月 28 日那天，像晴空一声霹雳，传来了方华同志在长春公主岭机场牺牲的噩耗。广大指战员无不为之震惊！尤其是听到这次事故的原因，是由于纪律不严，粗心大意所造成的，大家感到无比的惋惜，方华同志的牺牲，对我国的空军事业是一重大损失，方华同志时年 33 岁。

通过这次事故，大家都引以为鉴，提建议，定制度，提供改进的方式，明确指挥系统，塔台设施管理，滑行跑道路线，对各种飞行纪律的系统制定。指战员们要以身作则，坚决执行。对每一次飞行，机械场站等人员，都加强了纪律认识及思想教育，切实贯彻到每个官兵的行动中，明确规定上机人员，严格遵守驾驶制度，把机场建设成有管理，有制度，有责任的机场，使之走向正规。

1949 年 7 月 13 日上午 8:30，在长春市第三中学大礼堂，沉重举行方华同志追悼大会。除航校全体同志参加外，从四面远道而来的各单位代表和长春各界机关代表，到会近千人。会场正前方挂着方华同志的遗像，遗像上面横挂着"将生命献给无产阶级事业"的大字。西侧环壁上布满了各机关、部队、工厂、学校及方华同志生前战友所献的花圈挽联等。东北人民解放军航空学校政治部为纪念方华同志编写了《哀悼方华同志纪念册》，其中载有大量的"哀悼文""挽联诗""唁电"及"追悼歌""挽歌"等，以表达对方华同志的悼念与哀思。

（贾书曾）

1949 年至 1954 年黑龙江省人民政府印

一级文物

长 7 厘米，宽 6 厘米，铜质

这枚印章为直柄方形印，黄铜质地，印柄为圆柱形。印面为方形，长7厘米，宽6厘米，印章印文为阳刻繁体的宋体字"黑龙江省人民政府印"，字的排列顺序为由上至下竖排，从左向右排列。印面背部阴刻有"黑龙江省人民政府印""一九四九年十二月　日"等字样。

说到此印就不得不提到黑龙江省名称的由来与其历史上的行政区划沿革。1683年12月，清政府决定划出宁古塔将军所辖之西北地区，在黑龙江中游东岸的黑龙江城，增设镇守黑龙江等处地方将军，称黑龙江将军。宁古塔将军移驻吉林乌拉后，于1757年改称吉林将军，遂形成盛京、吉林、黑龙江三将军并立。这是黑龙江自成一个军事、行政区域并以"黑龙江"命名的开端。

黑龙江地区是全国解放较早的地区，自1945年11月至1946年5月，我党在今黑龙江省境内先后成立了5省1直辖市民主政府，即黑龙江、嫩江、合江、绥宁、松江5个省政府和哈尔滨市政府。1946年10月，绥宁省改设为牡丹江专区，直属于东北行政委员会。同年11月，哈尔滨市改称特别市。1947年2月至9月，黑龙江、嫩江两省曾合并为黑龙嫩江联合省，简称黑嫩省。同年8月，牡丹江专区撤销，设立牡丹江省，1947年7月该省撤销，所辖区域分别并入合江、松江两省。1949年5月，合江省与松江省合并为新的松江省，嫩江省与黑龙江省合并为黑龙江省。同时，将哈尔滨市改为松江省直辖市。

中华人民共和国成立后，全国实行省、市（地）、县3级体制。黑龙江地区在新中国成立之初仍设黑龙江、松江两省。此枚印章是1949年12月由中央政府按计划统一制作并发放到各省的行政公章，是人民政权的具体体现。根据1950年2月6日中华人民共和国政务院发布的《印信条例》中规定：印信分为"印"和"关防"两种。印为正方形，关防为长方形，常设机关的印信用铜质或铜镶木质。

中央人民政府所属院、委、署及政务院所属委、部、会、院、署、行，大行政区人民政府，省人民政府，中央所属市人民政府，驻外使馆印信一律边长7厘米，边宽6厘米，印文一律采用通俗易懂的宋体字，并规定以上所列各机关的印信一律由中央人民政府制发。东北烈士纪念馆现藏有黑龙江省人民政府印及松江省人民政府印，也是这一特殊历史时期的最直接物证。

1954年8月，国家进行行政区划调整，撤销松江省建制，原松江省与黑龙江省合并为新的黑龙江省，同时，将原黑龙江省所辖白城地区的7县划归吉林省管辖。1955年1月国务院通过的《关于国家机关印章的规定》，主要是为了配合1954年新宪法的颁布，这次改革是我国官印历史上的一次重大转折。一是取消了元、明、清官印一直以来沿用的正方形、长方形的印信格式，改为圆形印面，其上安装圆柱状把手。印中增加了图案标志，为国徽、党徽或五角星，印文统一采用宋体简化字。民族自治的地方政府公章，一律并排雕刻当地通用的民族文字。文字围绕图案标志自左向右环行排列，使公章的文字环绕国徽、党徽或五角星，从而构成更加合理美观的印章构图。另外，还规定了各机构印章的大小规格，如哪些机构印文中应刊有国徽，哪些机构印文不刊国徽等。

该文物原始档案记载：该印为1949年12月由中央颁发，使用至1954年。后由国务院秘书厅寄至黑龙江省人大常委会，1958年3月转交至黑龙江省博物馆，1982年拨交东北烈士纪念馆收藏。1996年6月，国家文物局专家鉴定组通过审议，将此印评定为一级文物。

该文物不但是黑龙江地区历史沿革和行政区划变迁的见证，也是中华人民共和国成立初期人民政权建立的最直接物证。黑龙江省人民政府印也和松江省人民政府印一道，成为东北烈士纪念馆馆藏文物中最具有鲜明地域特征和时代特征的珍贵文物。

（高凯）

桦川集体农庄获得的爱国丰产奖状

一级文物

横 49 厘米，纵 38 厘米

长方形，纸质

这是 1952 年中央人民政府农业部颁发给桦川集体农庄的爱国丰产奖状。该文物为横幅长方形,由图画纸制成。横 49 厘米,纵 38 厘米。上方中央印有国徽图案,上下两边均印有麦穗图案,中间部分右侧从右向左竖排印有"中央人民政府农业部 爱国丰产奖状"字样。落款处有中央人民政府农业部及部长李书城印章。

全国第一个集体农庄——桦川集体农庄,于 1951 年 2 月诞生。农庄的前身是桦川县水利农场。1945 年 8 月日本投降后,为建立巩固的东北根据地,合江省政府决定修复被日伪破坏的桦川县水利灌溉站,发展水稻生产。1947 年秋抢修好两台机组,开始筹建水利农场。农场出动一台拖拉机和几副大犁,开垦了 80 多公顷荒地。同时,派人到延吉、密山、林口、勃利等地招收有经验的朝鲜族农民种植水稻。

1948 年春,由共产党员金白山率领的朝鲜族农民从吉林省敦化县来到水利农场,由共产党员李再根带队的农民也随之到达。农场按规定将这些朝鲜族农民安排到四个地方建房安家,按先后顺序排列为一庄、二庄、三庄、四庄。金白山分到三庄,李再根分到一庄。春耕时,农场利用 3 台拖拉机和 3 副大犁又开垦了 560 多公顷荒地,满足了当年的耕种。农场把各庄每栋住房的 4 户划为一个共耕组,按各组劳力数拨给一块土地耕种,按"地四劳六"的比例分红,当年取得了较好的收成。

翌年春,金白山和另外 5 户农民自愿组成了第五耕作组,金白山任组长。由于大家投心对意,充分调动了生产积极性,提高了劳动效率,秋后获得了好收成,亩产达到 195 公斤以上,超过了其他各组。金白山小组被评为模范组,三庄被评为模范庄。由于金白山小组年年获得丰收,小组不断扩大,至 1950 年达到 36 户。

1951 年春,根据中共黑龙江省委《关于巩固、提高和发展互助合作组织的意见》,农场党委十分关心和重视金白山小组的发展,

桦川集体农庄获得的爱国丰产奖状

决定在现有的基础上，成立集体农庄，并决定由金白山负责筹建集体农庄，调一庄李再根做他的助手。

1951 年 2 月 19 日，全国第一个集体农庄正式诞生。兴高采烈的朝鲜族农民，身着节日盛装，载歌载舞，欢聚在成立农庄的大会上，黑龙江省和桦川县有关领导出席了大会。会上，民主选举金白山为农庄主席，李再根为农庄副主席兼党支部书记。金白山在会上宣读了集体农庄章程，并表示了办好农庄的决心。当年 7 月，农庄由偏僻的三庄迁至距佳木斯 30 多公里的田禄村附近，重建家园。

同年，山西省著名劳动模范李顺达互助组向全国各地互助组发起了爱国主义劳动竞赛挑战，在全国广大农村掀起了爱国丰产运动。在此运动的影响和促进下，1951 年桦川集体农庄水稻生产喜获丰收，平均亩产量达到农业部下发的《一九五一年农业丰产奖励试行办法》中规定的奖励标准。为此，1952 年农业部为桦川集体农庄（1952 年春更名为"星火集体农庄"）颁发了爱国丰产奖状，还奖给农庄两匹马和一台胶轮大车等农具。

这张奖状是 1951 年我国农村爱国丰产运动及土地所有制关系变革的重要物证，具有很高的历史文献价值。该文物由黑龙江省博物馆从星火农庄征集所得，后移交黑龙江省革命博物馆（现东北抗联博物馆）收藏。

（陈扬）

中央人民政府政务院为中长铁路移交赠送的锦旗

一级文物
长 300 厘米, 宽 110 厘米
锦缎制成, 黄布镶边

这件实物是 1952 年 12 月 31 日，在中苏两国中长铁路移交仪式上，周恩来总理代表中华人民共和国中央人民政府政务院向大会赠送的锦旗。锦旗用深红色锦缎制成，黄布镶边，长 300 厘米，宽 110 厘米。上款为"中苏两国共管中国长春铁路移交纪念"，正中为"中苏两国的伟大友谊万岁"，下款为"中央人民政府政务院"。

中东铁路，又名东清铁路、东省铁路。这是一条呈"T"字形的铁路，其东西线起点为满洲里，经海拉尔、齐齐哈尔、哈尔滨、牡丹江至绥芬河；南北线自哈尔滨经长春至大连。中东铁路的修筑始于 1897 年 8 月，1903 年 7 月 14 日全线竣工通车。通车后，俄国人控制的铁路管理局正式接管了铁路，把中东铁路变成了沙俄侵华的罪恶工具。

1905 年日俄战争后，因俄国战败，长春至大连一段及支线割让给日本，由日本人改称为"南满铁路"，中东铁路专指剩余部分。1924 年，中苏达成协议，中东铁路暂由中苏共同管理。1931 年九一八事变后，中东铁路被日军占领。1935 年，日本以 1.4 亿日元从苏联手中购得路权。1945 年 8 月，中华民国政府与苏联政府签订协议，将中东铁路和南满铁路合并为中国长春铁路，由中苏两国共管。

中华人民共和国成立后的 1949 年 12 月 16 日和 1950 年 1 月 20 日，毛泽东和周恩来先后率中国政府代表团抵达莫斯科，对苏联进行正式访问和谈判，并于 1950 年 2 月 14 日，在克里姆林宫签订了《中苏友好同盟互助条约》，同时签订新的《关于中国长春铁路、旅顺口及大连的协定》。根据这个协定，缔约国双方同意苏联政府将共同管理中国长春铁路的一切权利以及属于该路的全部财产无偿地移交中华人民共和国政府。此项移交一俟对日和约缔结后立即实现，但不迟于 1952 年年末。该协定签字后，从 1950 年 5 月 1 日起至 1952 年 12 月 31 日止，中苏共同经营中长铁路。其管辖范围和财产包括：满洲里—绥芬河站、哈尔滨—大连（含旅顺口）铁路干线、支线、专用线，连同附属于该路的土地、建筑与设备、机车车辆、发电站、工电通信设备及居住建筑、机车车辆工厂、医院及大专院校等。为使中长铁路顺利移交，1952年9月，周恩来再次率中国政府代表团赴莫斯科，同苏联政府进行谈判，商定有关移交事宜。

　　1952年12月31日13时，中长铁路移交议定书签订仪式和庆祝大会在哈尔滨中长铁路文化馆（今哈铁文化宫）隆重举行。中华人民共和国中央政府政务院总理兼外交部长周恩来、苏联驻中国特命全权大使潘友新、铁道部部长滕代远、外交部副部长伍修权、东北人民政府副主席高崇民、松江省人民政府主席强晓初等人出席大会。中长铁路苏联专家、员工代表共计800余人参加会议。铁道部设专线转播大会实况，在长春、沈阳、大连、齐齐哈尔、牡丹江、海拉尔等分局所在地和枢纽站设分会场，共有2200多人参加了这次庆祝大会。在移交仪式上，周恩来做了重要讲话，高度评价了中长铁路取得的成绩，感谢苏联专家为新中国建设做出的贡献。周总理讲话后，潘友新大使和滕代远部长相继讲话。周恩来代表中华人民共和国中央人民政府政务院向大会赠送了"中苏两国共管中国长春铁路移交纪念"锦旗。滕代远代表中国方面向中长铁路局局长格鲁尼切夫授旗，以表彰他们对中长铁路所做出的贡献。格鲁尼切夫局长宣读停止中长铁路由中苏共管的命令。新成立的哈尔滨铁路管理局局长陆平郑重颁布成立哈尔滨铁路管理局的命令。从此，这条由中国人民用血汗铺就，历经54年沧桑变迁的铁路终于回到中国人民的怀抱。

　　该物是中国政府完全收回中东铁路主权的重要物证。同时，锦旗是老一辈无产阶级革命家周恩来亲自授予的，更加具有深远的纪念意义。中长铁路移交仪式结束后，这面锦旗由哈尔滨铁路局保存，后该旗拨交中长铁路纪念馆，1964年移交黑龙江省博物馆，1982年又拨交东北烈士纪念馆收藏。

（刘春杰）

抗美援朝纪念章

抗美援朝纪念章

铜质

抗美援朝纪念章,铜质,内区为毛泽东像,下铸"抗美援朝纪念"6个字,外有五角星,最外缘呈光芒四射状。

1953年10月4日,以贺龙为团长的第三届祖国人民赴朝鲜慰问团,代表全国人民和毛泽东主席赴朝鲜前线慰问最可爱的人——中国人民志愿军和朝鲜人民军。这是为此次活动专门制定的纪念章。

1953年8月14日新华社报道,据中朝联合发布的综合战绩公报所载:"三年来共毙伤俘敌一百零九万三千八百余名,缴获各种武器车辆十几万件,击落击伤敌机一万二千二百余架。"同年9月12日,中华人民共和国中央人民政府举行第二十四次会议,听取了志愿军司令员彭德怀关于志愿军抗美援朝工作报告,通过了给志愿军的慰问电,慰问中朝人民军队。

美军在朝鲜战场上,使用了当时除原子弹以外的所有的现代化武器,但是这场战争最终以中朝军队和人民的胜利而结束。这场战争,打破了美军不可战胜的神话。正如彭德怀在抗美援朝报告中所说:"它雄辩地说明:西方侵略者几百年来只要在东方一个海岸上架起几尊大炮就可以霸占一个国家的时代是一去不复返了。"中国人民志愿军出国作战的目的,是为了制止战争,保护亚洲和世界和平。由于抗美援朝的胜利,中国人民极大地增强了民族自信心和自豪感,使全世界人民对中国刮目相看。我国赢得了一个进行经济建设和社会改革的和平环境。从1954年9月起,中国人民志愿军分批从朝鲜回国,到1958年10月中国人民志愿军全部撤回国内,表现了中国人民希望和平解决朝鲜问题的诚意和中国无意在外国驻军的立场。抗美援朝战争取得了具有历史意义的伟大胜利。

这枚抗美援朝纪念章,是黑龙江省博物馆从中国人民志愿军首批归国部队中征集所得,是这段历史的重要见证,现收藏在东北抗联博物馆(原黑龙江省革命博物馆)。

(曹阳)

苏广铭的个人规划材料和他发明的玉米铣刀

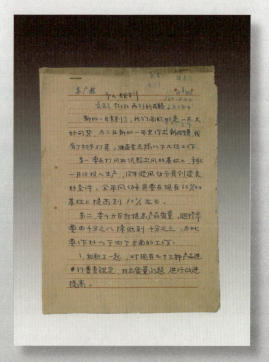

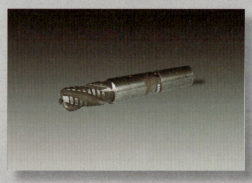

个人规划材料　纸质

玉米铣刀长8厘米，直径3厘米，铁质

这组文物中的第一件，是苏广铭同志的个人规划材料，用一张普通的稿纸书写，纸张颜色泛黄。题目为"长志气　鼓干劲　再创新成绩"，材料重点对长期工作做出具体规划。该文物现存于东北烈士纪念馆。

另外一件是苏广铭同志发明的玉米铣刀，铁质，长8厘米，直径3厘米，因刀头部分形似玉米而得名。该刀为黑龙江省博物馆征集所得，现收藏于东北烈士纪念馆。

苏广铭是全国闻名的著名劳动模范，在中华人民共和国成立初期，在人们满腔热情争分夺秒建设祖国的新时代，他通过技术革新创造一个又一个奇迹，被誉为"时间的主人"；在艰苦的环境下，他完成了几百项技术革新，是20世纪50年代全国最优秀的机械工人。他也是哈尔滨车辆厂走出的"巨匠"。

苏广铭是哈尔滨机电车辆厂的老铣工。他1913年出生于山东省平原县，后随闯关东的家人来到哈尔滨。1926年，13岁的苏广铭进入哈尔滨市继成铁工厂当学徒，后进入哈尔滨机电车辆厂当铣工。中华人民共和国成立后，历任哈尔滨机电车辆厂工人技师、工程师，黑龙江省总工会副主席，黑龙江省职业技工协作委员会主任。1956年加入中国共产党，并连续在第二届至第五届全国人民代表大会上当选为全国人大代表。1956年至1980年共实现技术改革320项。他创造的错齿片铣刀、玉米铣刀提高功效4~5倍。1956年创造了4分钟加工一块轴瓦的全国最高纪录。1956年、1959年两次获得全国先进生产者称号。

在我国第一个五年计划期间，苏广铭积极响应党的号召，在社会主义劳动竞赛中，拥有几十种发明创造，其中高速切削、错齿片铣刀等先进技术和刀具，大大提高了工作效率。由此，苏广铭被誉为多智多谋的发明能手，提前23个月完成了"一五"计划的工作量，被哈尔滨市人民政府授予"劳动模范"光荣称号。1959年，又提前完成了第二个五年计划时期的工作量，并第二次当选为全国劳动模范，成为黑龙江省工业战线上一位著名的老英雄。

苏广铭通过技术革新为车辆厂增加了活力，为企业的发展和振兴民族工业做出了重要贡献。在他的带动和影响下，工厂广泛深入地开展技术革新活动，成绩喜人，厂里80%的旧式机床改造成了新式设备，还自制了许多设备。企业生产能力大增，可年修机车4000辆（提高3倍），并能制造大型车辆。

苏广铭为黑龙江省经济的发展竭尽全力。著名数学家华罗庚在全国积极推广优选法，曾先后7次来黑龙江考察。苏广铭配合华罗庚一起先后考察了67个县，深入研究黑龙江省轻工业设备改造的材料。黑龙江省轻工业产品质量的提高，融入了他们的心血和汗水。

苏广铭在担任黑龙江省总工会副主席期间，仍然为技术革新的推广而操劳，广下基层，攻克难关。1986年离休后，他又率先在全省组织起一支技术服务队，并带领队伍深入到各县，为基层的中小企业排忧解难。先后为150多个工厂解决了100余项技术难题。1990年，年已78岁的苏广铭又担任起老劳模技术攻关队的名誉队长，继续为基层提供无偿服务，直到眼睛失明。此时他仍念念不忘技术革新，他说："我的脑袋里还有上百种创新发明没搞出来。"2005年12月19日，一代巨匠苏广铭因病逝世。

（王冬）

马恒昌小组创造的机卡切刀

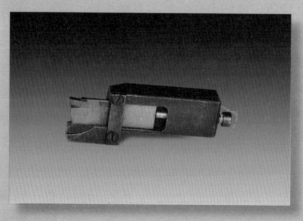

合金钢质

这是我国工业战线上的先进集体——马恒昌小组创造的机卡切刀。该文物材质为合金钢，长 13.5 厘米，宽 4.5 厘米，长方形柄，扁头。现收藏于东北烈士纪念馆。

马恒昌，1906 年 7 月出生，辽宁辽阳西马乡人。18 岁时进入抚顺发电厂做学徒。先后在沈阳兵工厂、电业局当车工。1948 年 11 月沈阳解放后，马恒昌进入第五机械厂工作，任车工一组组长。1949 年工厂接受一批军工生产任务，制造高射炮闭锁机。马恒昌根据图纸要求动手改造工具，最后加工出合格产品。有一次敌机轰炸，炸弹落在工厂附近，领导让大家进入防空洞，马恒昌说："他炸他的，我们干我们的。为了支援前线，车床一分钟也不能停！"全组提前完成了军工产品的紧急加工任务。工厂党组织号召开展劳动竞技，马恒昌与其领导的车工一组积极响应，首先向其他班组提出挑战。为确保产品质量，他们组建立技术互助小组，随时发现问题并及时解决。马恒昌小组合理安排生产工序，明确责任分工，建立严格的保养机器和交接班制度。在马恒昌的带领下，该组保持月月超额完成生产任务的工作状态。工厂党组织及时总结马恒昌和车工一组生产竞赛和民主管理的经验，在全厂推广，并将车工一组正式命名为"马恒昌小组"，工厂为该小组授予锦旗。1950 年 4 月 12 日，东北总工会发出推广马恒昌小组先进经验的指示，受到各行业的积极响应，各工厂、企业、矿山职工自觉学习、推广马恒昌责任制和检查制，先后涌现出 6553 个马恒昌式的先进小组。1950 年 9 月，马恒昌当选为全国劳动模范，出席首届全国工农兵劳动模范代表会议。10 月，马恒昌小组所在的工厂北迁至齐齐哈尔第二机床厂。1951 年 1 月，马恒昌小组向全国职工发出倡议，开展爱国主义劳动竞赛，得到全国 1.8 万余个班组响应，在全国形成生产竞赛热潮。这一年该组又提前两个半月完成任务，创造 69 项新纪录。马恒昌在迁厂后担任车间主任，走上领导岗位。随后又开始脱产学习，并担任全国总工会劳动部副部长。

黑龙江省齐齐哈尔第二机床厂马恒昌小组是全国工业战线著名的先进典型。在第一个五年计划期间的 1956 年，该小组积极响应省委号召，在社会主义劳动竞赛中，学习推广高速切削等 9 种先进经验，使生产效率提高了 2 ～ 13 倍，也因此荣获"全国先进生产单位"等荣誉称号。在马恒昌和组长谭寿声的带领下，开展机台、个人之间的劳动竞赛，充分调动每个工人的积极性，在一天八小时的工作之中完成 14 ～ 15 个小时的工作量。至 1956 年 1 月末，该小组超额完成"一五"计划的生产指标，提前 23 个月完成"一五"计划。

1960 年以后，马恒昌担任工厂总机械师，带领技术人员，研究改进刀具，提高了生产效率。20 世纪 70 年代初，他又兼任齐齐哈尔市技术协会委员会主任，致力于推广先进经验的工作。1973 年后，他不顾年老体弱，仍坚持到东北三省和全国各地进行刀具表演，为传播先进生产技术而奔波。马恒昌始终关心并爱护其先进生产小组，经常深入指导工作。他和他的小组在建立后的 30 多年间，以其高度责任感和创造性劳动，屡建功勋，成为全国工业战线各行业学习的榜样。马恒昌小组常年保持超额完成国家计划任务，34 年间共完成 53 年零 4 个月的标准工作量，始终是全国工业战线先进的英雄集体。

马恒昌同志，坚持工人阶级的优良传统作风，廉洁奉公，不谋私利，受到了党和人民的高度赞扬。先后当选为第一至第六届全国人民代表大会代表，第四、五届全国人大常委会委员。1985 年 7 月 18 日，马恒昌同志因病逝世，享年 79 岁。

（王冬）

马恒昌小组创造的机卡切刀

李延禄荣获的一级八一勋章

五角花形，编号 02133

混合金质

1955 年中华人民共和国主席授予

这枚一级八一勋章为混合金质，金黄色五角花型，中为红边圆形，圆形内有红色五角星，上有"八一"字样，编号02133，是抗联老战士李延禄于1955年荣获的。

八一勋章是中华人民共和国授予在中国人民革命战争时期有功人员的荣誉证章。1955年2月12日，中华人民共和国第一届全国人民代表大会常务委员会第七次会议根据国家宪法规定，做出《关于规定勋章奖章授予中国人民解放军在中国人民革命战争时期有功人员的决议》，颁发《中华人民共和国授予中国人民解放军在中国人民革命战争时期有功人员的勋章奖章条例》。条例规定，勋章分一、二、三级，奖章不分级。勋章由全国人民代表大会常务委员会决定，中华人民共和国主席授予；奖章由国务院批准，国防部长授予。授予勋章、奖章的条件，以参加革命时间的长短和当时职级的高低，以及是否一直坚持革命工作而无重大过失为依据。授予勋章、奖章的同时发给证书。一级八一勋章授予当时的师级以上干部。

李延禄，1895年4月1日生于吉林省延吉县。1929年参加革命。1931年7月加入中国共产党。九一八事变后，被党组织派遣到吉林抗日义勇军王德林部做统战工作。1932年2月，被任命为国民救国军总部参谋长。同年初组建东北抗日自卫军第一补充团，任团长，秘密建立党的组织，任代理党支部书记。5月兼任第二补充团团长。1933年1月，按党的指示将补充团的部分队伍改编为东北抗日游击总队，任总队长。1月至7月，任东北抗日救国游击军司令。同年7月至1934年12月，任东北人民抗日革命军军长、党支部书记（1933年9月起）。1934年12月至1936年2月，任东北抗日同盟军第四军军长、党委委员、中共吉东特委委员。率部在东满地区开展抗日游击战争，建立抗日游击根据地。指挥部队转战十几个县，进行了近百次战斗。1936年3月，根据《东北抗日联军统一军队建制宣言》，所率部队改编为东北抗日联军第四军，任军长。

1937 年 6 月，东北抗日救亡总会在北平正式成立，李延禄被选为总会常务委员。同年底随同东北义勇军著名将领李杜到莫斯科。1938 年 10 月，李延禄从香港经汉口，绕道桂林、重庆、西安赴延安。12 月，受到毛泽东、朱德接见。1939 年 1 月，担任中国共产党东北工作委员会副主任。1941 年 10 月，出席在延安召开的东方各民族反法西斯代表大会并被选为各民族反法西斯大联盟执行委员会委员。同年末到中共中央党校学习，参加延安整风运动。1945 年 4 月至 6 月，作为中直、军直代表团成员出席中共七大。7 月，任中国解放区人民代表会议筹备委员会常务委员。9 月，离开延安回东北工作。

李延禄对东北义勇军、东北抗日联军的建立、发展及抗日民族统一战线的实践，做出了独特的贡献。为表彰李延禄在抗日战争时期的功绩，1955 年由全国人民代表大会常务委员会决定，中华人民共和国主席授予他一级八一勋章，当时转业到地方工作的人员中只有 4 位同志获得这一荣誉。1987 年，李延禄夫人高云青将该章赠予黑龙江省革命博物馆（现东北抗联博物馆）。1994 年，经国家文物鉴定小组审定，定为三级文物。

（张安）

北京市青年志愿垦荒队队旗

一级文物

这面由中国新民主主义青年团中央委员会授予中华人民共和国第一支城市青年志愿垦荒队的队旗，质地为红色绸缎，锦旗左边缝有白色棉布旗裤，其余三边镶有金黄色丝绒线穗。旗面贴有黄布剪成的仿宋字，上款为"中国新民主主义青年团中央委员会授予"，正中为"北京市青年志愿垦荒队"10个大字。它是我国城市知识青年上山下乡运动开端的重要物证。

中华人民共和国成立后，刚刚解放的中国人民焕发出前所未有的活力，各项事业蒸蒸日上，可爱的祖国发生着日新月异的变化。1955年4月，中国新民主主义青年团北京市委召开了第三届团代会，中心内容是号召知识青年到农村去。中国新民主主义中央委员会书记胡耀邦同志出席会议并做了报告。8月，中共中央发出"广大青年到农村，到边疆去，到祖国最需要的地方去"的号召，北京市青年杨华、庞淑敏积极响应。8月16日，《中国青年报》等报纸在头版头条全文发表了杨华等5位青年的倡议书。一时间，在北京等全国各大城市引起强烈反响。倡议发出才十几天的时间，北京的800多名青年报名参加垦荒队。经严格筛选，第一批由60名男女青年组成的全国第一支青年垦荒队——北京青年志愿垦荒队于8月23日成立。刚组成的垦荒队全体队员到团中央集训一个星期，进行了一系列的思想政治工作。团中央从60名队员中选出一名卫生员，配给药箱，每个队员都进行了体格检查。为了防止意外，还发给了两支枪。

1955年8月30日，北京各界代表1500多人聚集在北京市工人俱乐部，为我国第一支青年志愿垦荒队举行欢送大会。胡耀邦同志与会并做了《向困难进军》的讲话，他称赞道："你们是光荣的第一队，因为你们肯到祖国最需要的地方去，敢到最困难的地方去……"胡耀邦同志代表中国新民主主义青年团中央委员会和全国1.2亿青年，把绣有"北京市青年志愿垦荒队"几个金字的大旗交给杨华。

下午6时，这支60人的垦荒先锋队出发前往北国边陲黑龙江萝北县。

9月4日，北京青年志愿垦荒队到达萝北县凤翔镇南10公里处的团结村。9月10日，垦荒队在萝北县嘟噜河畔举行开荒仪式。自北京青年志愿垦荒队后，又有天津、河北的青年垦荒队到达萝北。至1956年，共有不同地区的14批志愿垦荒队到达萝北，队员有2602人。为了便于领导，1955年11月成立了中国新民主主义青年团萝北青年垦区工作委员会。1956年五四青年节时，青年垦区工委按照垦荒队员的籍贯，为各队命名，建立了北京、天津等8个青年集体农庄。北京垦荒队命名为"北京青年集体农庄"，简称"北京庄"。北京庄建在萝北县凤翔镇南10公里的北山脚下，当年盖起了七栋住房、一个大食堂、一个马棚。经过一年的努力，开荒200公顷，生产粮豆14万公斤，交国家7万公斤，收入1.5万元。此后，这面锦旗一直伴随垦荒队走过漫长的创业道路。

据1956年4月17日北京团市委《关于慰问萝北青年垦荒队员和组织第二批青年垦荒队的情况报告》，北京市青年志愿垦荒队队员在萝北青年垦区表现很好，第一批60人中有33人担任了中队长以上干部，4个大队长全部由北京队员担任。同年10月，有15名垦荒队员入党，13名入团。1956年11月，第三批青年志愿垦荒队27人离京赴萝北青年垦区。至此，北京青年志愿垦荒队到萝北垦区参加垦荒的队员共为213人。

1958年黑龙江省博物馆工作人员到共青农场北京庄征集文物时，杨华同志想把珍藏在垦荒队队部里的锦旗继续留在队部里。博物馆的同志回哈尔滨后复制了一件，将原件送回北京庄。杨华被文物工作者的敬业精神所感动，遂将这面锦旗原件捐给黑龙江省博物馆。1982年，该旗拨交给黑龙江省革命博物馆，现收藏于东北烈士纪念馆。

（张安）

青年志愿垦荒队誓词

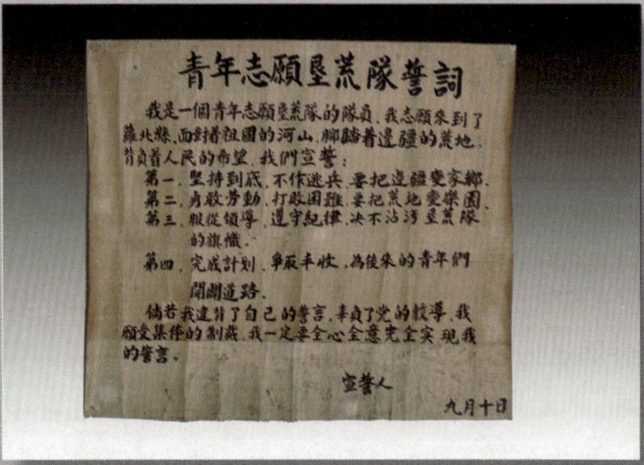

青年志願墾荒隊誓詞

我是一個青年志願墾荒隊的隊員、我志願來到了蘿北縣、面對着祖國的河山、腳踏着邊疆的荒地、背負着人民的希望、我們宣誓：

第一、堅持到底、不作逃兵、要把邊疆變家鄉、

第二、勇敢勞動、打敗困難、要把荒地變樂園、

第三、服從領導、遵守紀律、决不沾污墾荒隊的旗幟、

第四、完成計划、爭取丰收、為後來的青年們開闢道路、

倘若我違背了自己的誓言、辜負了党的教導、我願受集体的制裁、我一定要全心全意完全实现我的誓言。

宣誓人

九月十日

一级文物

"我是一个青年志愿垦荒队的队员。我志愿来到了萝北县。面对着祖国的河山，脚踏着边疆的荒地，背负着人民的希望，我们宣誓：第一，坚持到底，不作逃兵，要把边疆变家乡。第二，勇敢劳动，打败困难，要把荒地变乐园。第三，服从领导，遵守纪律，决不沾污垦荒队的旗帜。第四，完成计划，争取丰收，为后来的青年们开辟道路。倘若我违背了自己的誓言，辜负了党的教导，我愿受集体的制裁。我一定要全心全意完全实现我的誓言。"

　　这是中华人民共和国成立后第一支青年志愿垦荒队的誓词。誓词现已陈旧，有折叠痕迹，签名大多褪色，用毛笔楷书记下的内容清晰可见。它的字里行间凝聚着千百万热血青年立志扎根边疆、建设边疆的雄心壮志。誓词是黑龙江省博物馆于 1958 年从萝北县北京庄杨华、庞淑英处征集所得，现收藏于东北烈士纪念馆。

　　1955 年 5 月，毛泽东向广大青年发出号召："农村是个广阔天地，在那里是可以大有作为的。"中国新民主主义青年团中央为此向全国广大青年发出号召："到农村去，到边疆去，到祖国最需要的地方去。"北京市青年杨华、庞淑英等人积极响应，在北京团市委的支持下，发起组织了北京青年志愿垦荒队。同年 9 月 4 日，第一批 60 名男女青年 (包括男队员 48 人，女队员 12 人，他们当中有 16 名党员和 42 名团员) 抵达萝北县凤翔镇南 10 公里处的团结村。这批来自北京的青年，一踏上这片古老的黑土地，就被眼前的景象深深地吸引，然而艰苦的生活环境很快使他们回到现实中来。这里的房屋简陋，交通不便，通信落后，缺少必要的文化生活场所，甚至连水也需要他们自己去动手解决。面对新生活的挑战，个别队员思想发生了动摇，想卷起铺盖回城。队长杨华连夜组织队员们讨论，经过坦诚的交流，大家统一了思想认识：要想成为一名真正的拓荒者，必须接受各种困难的考验，要学会忍受，只有经过艰苦奋斗的磨炼，才能成为名副其实的"北大荒人"。第二天，垦荒队在萝北县嘟噜河畔举行开荒仪式，全体队员举手庄严宣誓。宣誓完毕，60 名队员在誓词上写下了自己的名字。从这天起，垦荒队员用自己勤劳的双手搭起窝棚，挖好地窖，架起锅灶，开始垦荒。

在垦荒的过程中，他们经历了很多无法想象的困难。萝北靠近苏联（现为俄罗斯）边境，他们开垦的是一片广阔无边的荒草甸子，没有村庄，没有人烟，有的是雁、兽、蛇、虫和狼群的嗥叫。他们住的是临时窝棚，喝的是泥坑里沉积的黄泥水，吃的是冰冷的窝头。垦荒队员就是在这样恶劣的环境中生活和工作。但无论怎样的艰难困苦都没有使他们退缩，因为他们心中时刻铭记着自己的誓言。通过艰苦的努力，他们在荒原上站稳了脚跟。不久，天津、哈尔滨、山东、河北等地的青年垦荒队也相继来到了萝北县加入垦荒的行列。知识青年上山下乡运动以此为开端，规模不断壮大。

第一支青年垦荒队用实际行动在上山下乡运动的史册上写下了光辉的一页。它的发展历程，是一部创业史、奋斗史，也是几代青年用理想和心血铸就的一部光荣史。以杨华、庞淑英为代表的一批北京热血青年，响应党中央号召，组成新中国历史上第一支青年志愿垦荒队开赴萝北荒原，拉开了战天斗地的垦荒序幕，并带动津冀鲁哈等地青年加入垦荒建设，汇聚成开发边疆、建设祖国的磅礴力量。老一辈垦荒青年身体力行锻造出来的"信念坚定、艰苦奋斗、团结友爱、无私奉献"的青年志愿垦荒精神，是激励当代青年继续前进的宝贵财富，值得认真学习并发扬光大。这份誓词是记录老一辈志愿垦荒队员响应党的号召、开创一代新风的珍贵文物。

（吴向东）

于文化荣获的农业劳动模范奖章

铜质，八角形

　　这枚奖章为铜质，八角形，金黄色，中间是圆形的稻谷麦穗图案，铸有横排的"全国首届农业劳动模范代表会议"字样。这是于文化同志 1957 年出席全国首届农业劳动模范代表会议时，荣获的奖章。

　　1954 年 8 月，中共黑龙江省委给党中央的报告说：

　　"随着农村合作化高涨形势的形成和发展，农村各类互助合作组织和各阶层群众已经程度不同地普遍地动员起来了。现有的农业生产合作社正在筹划和酝酿扩大社员，作为建设对象的农业生产互助组正在筹划和酝酿扩充自己的户数，不够条件的农业生产互助组也要求进一步地发展和提高。群众有的张罗入新社，有的张罗入老社。今年不准备入社的人，也在积极地酝酿插入互助组。动的面很广，已经形成了一个群众性的运动。这是农业合作化大发展的一个新的突出的特点。但由于某些的县、区有的领导同志，未能适应这个新的特点，及时地加强领导，因此部分村屯在群众自找对象中，已经开始产生强找强，排挤贫困农民，'争骨干，争社员，相互闹不团结'，'骨干盲目集中'等等不健康现象。"

　　毛泽东同志在报告的此处加了重要批语，指出："这里所说的某些县、区有的领导同志，未能适应这个新的特点，及时地加强领导，只是黑龙江的一个省是这样的吗？只是某些县吗？我看这种领导落在运动后面的严重情况，很可能在全国许多领导机关中都找得出它的代表人物来。"

　　黑龙江省委的报告又说："双城县的希勤村，以村为单位，采取领导和群众自愿相结合的方法，进行了全面规划，是领导合作化大发展的一种创举……"

　　黑龙江省委报告中所说的某些"不健康的现象"，究竟怎样解决的呢？报告没有直接回答这个问题。但是在报告的后面附载了中共双城县委的一个报告，这个报告回答了这个问题。报告说：

"通过党支部领导和群众自愿相结合进行全面规划的结果，排挤贫困户入社的偏向纠正了，骨干过分集中的问题解决了，互相争骨干、争社员的现象没有了，社组关系更加密切，富农和富裕中农组织富农社或低级组的企图失败了，基本上实现了党支部的计划，两个老社扩大了社员百分之四十，搭起了六个新社的架子，整顿起两个互助组。估计搞得好明年（即1955年）全村就可以合作化。目前，全村群众正在积极地实现今年农业合作化的发展计划和搞好增产保收。村干部普遍认为：幸亏这样一搞，要不就乱了，不但今年搞不好，还要影响明年。"

　　毛泽东主席在《农业合作化问题》一书的十二节中，引用了黑龙江省委和双城县委的报告，并明确指出："我看就照这样办吧。全面规划，加强领导，这就是我们的方针。"

　　毛泽东同志对双城县希勤村"全面规划，加强领导"的经验，给予高度重视，加以充分的肯定，这在中国农业合作发展史上是具有重要历史意义的 。因此，作为中共双城县兰陵区希勤村支部书记的于文化，被选为中共八大会议的党代表，出席了全国首届农业劳动模范代表会议，当上了全国劳模。

　　该文物现由东北抗联博物馆收藏。

（董晓春）

于文化荣获的农业劳动模范奖章

大庆油田第一口油井的喷油嘴

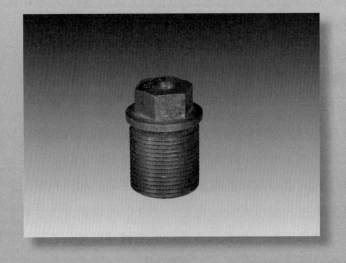

一级文物
高6.4厘米，直径4.2厘米，重525克

这件文物是大庆油田第一口油井——松基三井使用的喷油嘴。高 6.4 厘米，直径 4.2 厘米，重 525 克，整体完好。该文物是大庆油田开发史的重要见证。

中华人民共和国成立前，一些中外地质学者曾对包括松辽平原在内的整个东北地区进行过地质考察和概括性的地质调查，都没有找到石油与天然气，学者们一致认为东北地区找油希望不大。最早从理论上打破这种观念的是我国著名地质学家李四光，他 1935 年在英国讲学时曾预测中国东部包括松辽平原可能找到"有重要经济价值的沉积物（石油）"。

1953 年，毛泽东、周恩来就中国能否找到石油，专门征询地质部长李四光的意见。1954 年 2 月，李四光在一篇报告中指出，中国石油勘探远景最大的地区有 3 个，其中之一就是松辽平原和华北平原。在李四光等地质学家科学理论的指导下，1955 年 9 月，东北地质局开始了松辽平原的找油实践工作。1958 年石油工业部也成立了松辽石油勘探局。

1958 年，石油部与地质部协作，在松辽地域展开了大规模的石油勘探工作。同年 7、8 月，松辽石油勘探局的松基一井、松基二井先后开钻，均未见工业性油流。9 月，经石油部、地质部技术人员反复论证，确定了松基三井的位置，施工任务由松辽石油勘探局 32118 钻井队承担。1959 年 4 月正式开钻，同年 9 月 26 日，位于黑龙江省安达县大同镇的松基三井终于喷出了工业油流。此时正值中华人民共和国成立 10 周年前夕，为庆贺我国第一座大型油田的发现，将油田内的大同镇改名为大庆，油田定名为"大庆油田"。在油井南 15 米处，树立起松基三井完钻喷油纪念碑。

大庆油田的发现，在中国石油勘探史上具有划时代的重要意义，对中国石油工业的发展起了重要作用。在松基三井喷出油流之时，黑龙江省博物馆工作人员正在此地征集文物，他们立刻意识到松基三井首次喷出油流的喷油嘴，具有极高的文物价值，当即前往现场征集。因没有替代物，石油勘探人员没有答应这一要求。1960年，黑龙江省博物馆同志再次前往该地将这支喷油嘴征集入馆，1982年拨交黑龙江省革命博物馆（现东北抗联博物馆）收藏。

（王振霞）

支援大庆会战 "横跨万里江山 拿下松辽油田" 旗

一级文物
横 205 厘米, 纵 133 厘米

这面反映大庆油田开发历史的旗帜，横 205 厘米，纵 133 厘米，质地为红色缎子，上有"赠给支援松辽远征军　横跨万里江山　拿下松辽油田　中共克拉玛依矿区委员会"的字样。现状完整，字迹略有褪色。

1959 年，中国的石油勘探在松辽盆地取得重大突破。为迅速开发大庆油田，1960 年 1 月，石油工业部党组召开扩大会议，准备加快松辽地区勘探和油田开发，集中石油系统力量，"来一个声势浩大的大会战"。当年 2 月 13 日，石油工业部向中共中央提交了《关于东北松辽地区石油勘探情况和今后工作部署问题的报告》。2 月 20 日，中共中央批准了这一报告，石油会战由此开始。

1960 年 2 月 21 日，石油工业部在黑龙江省哈尔滨市召开了大庆石油会战第一次筹备会议。会上确定全国石油系统 37 个厂矿、院校，由其主要领导干部带队，组织人员，并自带设备到大庆参加石油会战；石油会战期间的组织领导工作，由石油工业部部长余秋里到第一线主持，并组成大庆石油会战领导小组，由康世恩、唐克、吴星峰等 13 人组成，康世恩任组长。

筹备会后，参加石油会战的各路石油队伍，于三、四月间相继抵达大庆地区。当年退伍的 3 万名解放军战士和 3 千名转业军官，也分别从沈阳部队、南京部队和济南部队来到大庆，参加石油会战。国务院各部门和黑龙江省支援石油会战的干部和工人，也陆续到达大庆地区，开始了举世瞩目的石油大会战。

1960 年 3 月 25 日至 27 日，在哈尔滨市召开了大庆石油会战第二次筹备会议。余秋里部长在会上宣布：石油会战领导机关立即迁往第一线办公。到 4 月上旬，石油工业部机关党委、各司局领导干部和松辽石油勘探局相继搬迁到黑龙江省安达县，组成了石油会战的指挥机关。据当年 4 月的统计，参加石油会战的人员已达 4 万多人，其中总工程师、总地质师、大学教授、工程师等各类工程技术干部达 1000 多人。同时，从全国各地运到大庆的各种器材、设备已有几十万吨。

会战期间涌现出了一大批先进模范人物，其中最突出的代表是"铁人"王进喜。以铁人王进喜为代表的老一辈石油人，以"宁可少活二十年，拼命也要拿下大油田""有条件要上，没有条件创造条件也要上"的艰苦奋斗、自力更生精神，在极其困难的条件下，仅用三年半的时间，拿下了大油田，一举甩掉了我国贫油的帽子，从根本上改变了中国石油工业的面貌。

当年为了支援大庆油田会战，各地选派的都是精兵强将。中共克拉玛依矿区委员会在远征军出发前，特赠此旗，以鼓舞士气。该文物是大庆石油大会战时期具有典型意义的实物，具有很高的历史价值。

该文物是黑龙江省博物馆从大庆石油管理局征集而来，后拨交黑龙江省革命博物馆（现东北抗联博物馆）收藏。

（董晓春）

支援大庆会战『横跨万里江山 拿下松辽油田』旗

哈尔滨量具刃具厂第一条生产线图纸

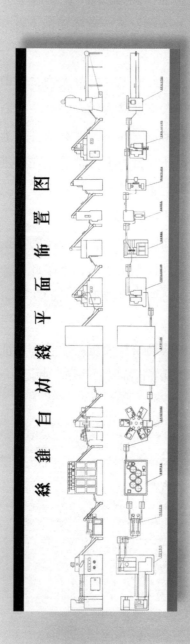

絲 錐 自 动 綫 平 面 佈 置 圖

一级文物

长 315.5 厘米，宽 78.5 厘米

纸质

哈尔滨量具刃具厂创建于 1952 年，是我国第一个五年计划时期156 项重点工程中唯一制造量具刃具产品的企业，被称为"共和国工具制造业的骄子"。这张图纸是 1960 年哈尔滨量具刃具厂与第一机械部第二工具研究所合作，成功研制的我国第一条丝锥自动生产线布置图。同时，它也是哈尔滨量具刃具厂第一条自动生产线图纸。该图纸为三张道林纸拼接而成，长 315.5 厘米，宽 78.5 厘米，铅笔绘制，上面为立面图，下面为平面图，以平面图为主，整体保存较完好，两头略有破损，背面有蓝色油漆。

哈尔滨量具刃具厂是 1950 年经国家批准、由苏联设计援建的国家"一五"计划期间 156 项重点建设项目之一。从 1950 年 7 月开始勘察设计，到 1955 年 1 月 18 日正式开工投入生产，历时 54 个月建成，成为我国工具行业内的先驱。

1956—1957 年，支援成都量具刃具厂等单位干部 434 人，技术工人 590 人。1957 年 12 月，成立仪表车间、仪器车间。同年试制成功角度块规、气动量仪等新产品。1958 年，齿轮偏摆检查仪试制成功。1959 年 1 月，第一支扭制钻头试制成功。在工厂历史上开创了用热塑变形法生产刃具的新时期。1959 年 9 月，与工具研究所合作，建成全国第一条 GX—2、M4—6 手丝锥机械加工生产自动线，年生产能力 270 万件。

1959 年 10 月，哈尔滨量具刃具厂自行设计制造的高速钢淬火联动机投入生产，在国内工具行业首先实现高速钢刃具热处理工序机械化。1959 年 12 月，成立千分尺车间。1963 年 11 月，仪器厂房投入生产。同年试制成功三米测长机、光学分度头、光学测角仪等新产品。制成对称工具（8205），它是我国第一颗原子弹调整测试用的重要测量工具之一。

20 世纪 50 年代后期至 70 年代初期，根据当时国内发展机械装备行业和加速经济建设的需要，以哈尔滨量具刃具厂为母体，先后援建和分迁了成都量具刃具厂、中原量仪厂、青海量具刃具厂、桂林量具刃具厂、关中工具厂等 5 个具有相当规模的量具刃具厂，支援各厂工人、技术人员、管理干部累计达 2500 余人，设备 1000 余台（套），为中国量具刃具行业的发展和壮大做出了重要的历史性的贡献。

这张图纸是哈尔滨量具刃具厂进行技术研发革新所取得的重要成果，具有很高的历史价值，现收藏于东北烈士纪念馆。

（陈扬）

柳河五七干校校旗

一级文物

横 268 厘米，纵 205 厘米

丝绸质地

东北烈士纪念馆珍藏着这样一件非常珍贵的文物，是"文革"时期全国第一所五七干校——柳河五七干校的校旗。该旗用红色丝绸缝制而成，横 268 厘米，纵 205 厘米。左侧旗裤为白色布，旗面上方文字为"黑龙江省革命委员会"，中间为"柳河五七干校"。文字是用黄色布制作并缝制在旗面上，字体均为宋体美术字。

柳河五七干校位于现黑龙江省绥化市庆安县柳河农场，创建于1968 年 5 月，是"文化大革命"的产物。1966 年 5 月 7 日，毛泽东在看了总后勤部《关于进一步搞好部队农副业生产的报告》后给林彪写了一封信，这封信后来被称为《五七指示》。在这个指示中，毛泽东要求全国各行各业都要办成一个大学校，能学政治、学军事、学文化。这个大学校能从事农副业生产，又能办一些中小工厂……又要随时参加批判资产阶级的文化革命斗争。

1968 年初，黑龙江省直机关"造反团"的"斗、批、改"基本完成以后，如何给那一大批没有工作的干部找出路，已经成为黑龙江省革命委员会的当务之急。3 月下旬，黑龙江省革命委员会召开会议部署原省直机关没有工作的干部到农场去学习劳动的事宜。会后，黑龙江省直机关"造反团"经过实地考察，反复论证，建议以"抗大"为榜样，以毛主席《五七指示》为指针，将位于绥化市庆安县柳河的原省委机关农场改建成柳河五七干校，安排干部下放劳动。这个建议很快得到黑龙江省革命委员会的批准。

1968 年 5 月 7 日，黑龙江省革命委员会为了纪念毛泽东《五七指示》发表两周年召开万人大会，欢送首批下放干部。5 月 8 日，首批学员入校，在校门前宣誓，挂起"黑龙江省革命委员会柳河五七干校"的牌子，这是中国第一所五七干校。

当时的黑龙江省革命委员会把办柳河五七干校的经验介绍材料进行了上报。这个材料最初在 1968 年 9 月 29 日《文化大革命情况汇编》第 628 期上发表。毛泽东看到这个材料后，于 9 月 30 日写了一则批语，写道此件可在《人民日报》发表。

10 月 5 日，《人民日报》刊登了《柳河"五·七"干校为机关革命化提供了新的经验》的报道，同时刊发了姚文元写的编者按。这样，柳河五七干校便成了受到毛泽东肯定的典型。各地纷纷仿效柳河五七干校，办起了许多干校。中央各机关，包括中央办公厅，也都在外地寻找地点，分别办起了各自的五七干校。一时间，五七干校在全国到处"开花"。

在 1968 年至 1979 年的 11 年间，共有 9000 多名黑龙江省直机关工作人员、各市县领导干部在柳河五七干校劳动学习。除"文革"初期下放劳动的干部、知识分子外，还有干部家属和知青 1300 余人在这里劳动学习。

1979 年 2 月 17 日，国务院发出了《关于停办"五七"干校有关问题的通知》，从此，五七干校从中国的历史舞台上陆续消失。之后，柳河五七干校又恢复为柳河农场，现隶属于黑龙江省农场总局绥化分局管辖。柳河五七干校的原址，如今已成为柳河五七干校历史博物馆，让人们永远铭记那段特殊的历史。

这面珍贵的校旗是黑龙江省博物馆于 1977 年 12 月从柳河五七干校征集来的，并于 1979 年 3 月将其定为一级藏品。1982 年 3 月，拨交东北烈士纪念馆收藏。1996 年被国家革命文物鉴定组定为一级文物。

（马良）

柳河五七干校校旗

张华救人用的竹梯

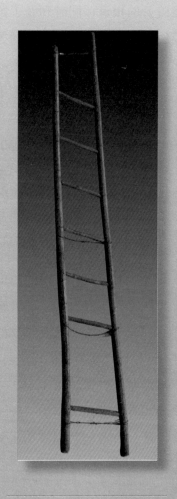

一级文物

高 270 厘米，宽 48 厘米，重 20 千克

这架竹梯是中国人民解放军第四军医大学学生张华抢救坠入化粪池的老汉时用的,高270厘米,宽48厘米,重20千克,有横掌7个,缺少的两个以铁丝替代,上下两端用铁丝加固,整体残破。1982年黑龙江省革命博物馆(现东北抗联博物馆)从西安征集入馆收藏。

20世纪80年代初,张华这个优秀大学生的名字,曾在中国大地广为传颂。

1958年,张华出生于黑龙江省虎林县一个革命军人家庭。小学、中学时代,他曾连年被评为"三好学生"。高中毕业后在饶河青年农场工作时被评为劳动模范,优秀共青团干部。1977年1月,张华应征入伍,在部队表现十分突出,多次受到奖励,入伍两年便加入了中国共产党。1979年9月,张华考入中国人民解放军第四军医大学,成为空军医学系的一名学生,实现了自己的大学梦。

张华深知自己的知识底子薄,但他知难而进,自强不息,刻苦学习。在校三年的25次考试中,成绩多半都在80分以上,最好的数学成绩达到97分,被誉为"军营里的好战士,校园里的好学员"。

张华读大学期间,正值党的十一届三中全会召开不久,有的同学对党的改革政策不理解。张华向学校提议,应让学生们利用暑假搞一次社会调查,用各种形式,把家乡变化反映出来。学校采纳了他的建议,并于新学期开学后,用学生们的调查成果举办了《颂祖国 赞家乡》小型展览,展览内容有调查报告、摄影、美术等各类作品,从不同侧面反映了全国各地在三中全会以后发生的可喜变化,成为学生们自我教育的生动教材。

张华一直以来乐于助人,以雷锋为榜样。他在日记里写道:"雷锋啊,我的战友,你的生命在我身上延续,你的热血在我身上沸腾。我决心学习你的思想,做时代英雄。"张华默默地实现着自己的诺言。

1980年暑假期间,他乘车回东北家乡。有一位孕妇回南方生孩子，没想到在旅途中早产，只好倒车返回工作单位。产妇身体虚弱，归途尚远，举目无亲，急得直落泪。张华看到后，主动端水送饭，热情照顾。他和产妇一起下车后，把产妇和婴儿送到自己姨家，并设法与产妇的丈夫取得联系后才放心地登车北去。

1982 年 7 月 11 日，西安康复路的小商品批发市场像往常一样热闹。突然，从附近传来呼救声。在一个老旧厕所后边，69 岁的淘粪老汉魏志德在 3 米多深的化粪池里作业时，被沼气熏倒，跌入粪池。恰好路过此处的张华赶到现场时，魏志德已经俯卧在粪水里，只有头发露在外面。作为军医大学三年级的学生，张华深知沼气中毒的后果。好心人张正学正要下去救人，张华一把拦住他说："你年龄大，我下去。"粪池口不足 2 尺宽，他沿着竹梯下到粪池，一手抓紧梯子，一手从 1 米外拽过老汉，抱在腰间，向着粪池上的人群喊："快放绳子，人还活着……"话音未落，浓烈的沼气也把张华熏倒了。"扑通"一声，他同老汉一起跌入粪水之中。当群众把张华救出来送进医院时，他因严重中毒，窒息时间过长，年轻的心脏永远停止了跳动，牺牲时年仅 24 岁。

张华牺牲后，中国人民解放军第四军医大学党委做出决定，给张华同志记一等功，批准他为优秀共产党员；解放军总后勤部党委做出向张华同志学习的决定；教育部、卫生部、共青团中央、全国学联、中共陕西省委、西安市委等党政领导机关团体，也先后发出向张华同志学习的通知和号召。中央军委追授张华"富于理想、勇于献身的优秀大学生"荣誉称号，追认他为革命烈士。全国各地掀起学习张华的热潮。

黑龙江省革命博物馆迅速派工作人员前往西安，采访了解张华的英雄事迹，并将他的有关文物征集入馆收藏。这架竹梯是他见义勇为、舍己救人的大无畏革命精神的见证。　　　　　　（于文生）

潘志山戴过的蓝色警用单帽

二级文物
直径 27 厘米，高 5 厘米
棉麻纤维质地，重 350 克

在东北烈士纪念馆里有这样一顶蓝色的警帽，上面镶有红边，直径27厘米，高5厘米。它是1983年潘志山同志戴过的蓝色警用单帽。潘志山同志牺牲后，此帽由其家属捐献给东北烈士纪念馆，为二级文物。

潘志山1951年生于吉林省梨树县，汉族，1971年参加工作，1981年3月到辽源市公安局矿山分局任侦察员，1983年加入中国共产党。他舍生忘死，用生命谱写了一曲为人民利益英勇献身的壮丽凯歌。

潘志山是一名有着高度政治觉悟和事业心的青年民警。他在入党申请书中多次向党组织表示："为了党和人民的利益，不怕困难，不怕牺牲，随时为共产主义事业献出自己的青春。"他用实际行动实践了自己的诺言，成为"黄继光式的英雄民警"。

无论执行什么样的任务，潘志山总是勇挑重担，肯于吃苦，无私无畏。1981年7月，西安矿工人关玉贵为报复领导，进行爆炸试验。潘志山得知后，不顾个人安危跑到了爆炸地点制止了犯罪行为，并将犯罪分子抓获。

1983年7月27日中午，潘志山身着便装与弟弟潘志成去辽源矿务局门前的四季香饭店吃饭。此时，正有两伙犯罪分子在四季香饭店里间小餐厅喝"讲和酒"。突然一阵爆炸声传来，原来是其中一名犯罪分子袁某引爆了两枚手榴弹，当场炸死1人，炸伤4人。与此同时，从小餐厅窜出一人，叫喊："有枪！有枪！快到公安局报告……"正在吃饭的潘志山马上意识到一场恶性的爆炸杀人案件已经发生，他应声而起，急速地冲向小餐厅去制止犯罪。此时，袁某已窜进大餐厅人群中，正要拉系在腰间的7枚手榴弹的导火线，妄图制造更大的流血事件。在这千钧一发之际，潘志山不顾个人安危，勇敢地扑向凶犯，死死地将其抱住，并用腹部压住凶犯腰间的7枚手榴弹。一边搏斗，一边喝令罪犯停止犯罪。但这时导火线已拉开，7枚手榴弹在潘志山和凶犯之间爆炸，袁某当场毙命，在场的50多名群众安全脱险，无一伤亡。潘志山却献出了年仅32岁的年轻生命。

潘志山牺牲以后，他的妻子杨素芬也成为一名警察。多少年过去了，潘志山的形象仍然深深刻在她的脑海里。据杨素芬回忆"他心灵手巧，会画画，还会刺绣，更写得一手好字。他对我和孩子特别关心，常常把饭做好后，再去接我下班"。杨素芬说，"他当了警察以后变得更忙了，洗衣服的活儿不得不分担给我一部分，但再怎么忙，他都要自己洗警服，绝不允许自己的警服有一点儿脏的地方"。这么一个典型的好丈夫，也有让杨素芬感到烦恼的地方——"他太爱管闲事了"。有一次，潘志山好不容易抽出了一点儿时间，带着她到公园玩儿。可到了公园，杨素芬发现，丈夫的目光根本不在景色和自己身上，总是四处看，就好像在办案一样——看见掏包的他管，遇到打架的他也拦，完全把自己晾在了一边。回家后，杨素芬生气了："你也没穿警服，谁知道你是警察，管那些闲事儿干吗？"可丈夫回了一句："穿不穿警服我都是警察。"

当时杨素芬并没完全明白丈夫说这句话的含义，直到当上警察以后才明白，作为一名警察要牺牲的东西太多了。现在杨素芬更理解丈夫了，为什么当时饭店中有那么一大群人在，只有他奋不顾身，毫不犹豫地冲了上去，因为他身上背负着一种责任，因为他是警察。

1983年8月26日，公安部追授潘志山"全国公安战线一级英雄模范"称号，同年潘志山同志被追认为革命烈士。

（王丽娟）

后记

　　爱国主义教育应可知可感，为此我们编辑了这部《东北烈士纪念馆文物的述说》，希望能够通过一件件珍贵文物"生动的叙述"，让文物所经历的历史在读者心中"活"起来，以物知史，以物见人，传承文明、教育人民、服务社会、推动发展。

　　我们从大量馆藏文物中选取百余件具有突出代表性的文物，大体上依据清末、东北抗日战争、解放战争、社会主义建设等时期的历史发展脉络来编排。其中大部分内容是一件文物"讲述"一个故事，也有少数篇章是两件或多件文物反映一个故事或一个人物的，还有著名人物的文物故事按照时间顺序分在了不同时期。

　　俗话说睹物思人。每一件文物背后都有着一个人或一群人，他们有着感人的经历和故事，我们把这些可歌可泣的人物和故事通过文物串联起一个以时间为轴的历史画卷。你可以通过这个长长画卷，看到从清末到社会主义建设时期，中华民族经历的自强不息的奋斗历程；看到无数的民族脊梁前赴后继的奋斗精神；看到英雄的人民既能打碎"旧世界"又能建设"新世界"的民族自信心……当你被这些鲜活的人物和故事所感动时，你可能更有兴趣走进东北烈士纪念馆，因"思人"而来"睹物"，那么这些珍贵的文物就会更加生动具体，你就会有更独特的视角和发现。果能如此，那么这本书的编写目的就达到了。

　　我们希望加紧整理馆藏的"宝贝"，为读者奉献出更多更好的作品，让文物定格在一部部优秀的著作中。将来也许有的文物实物会随着岁月流逝而消亡，但大家仍然可以通过文献资料找到它的历史痕迹。也许，这部书，只是一个开始。

本书是集体创作的结晶。黑龙江省文化厅厅长张丽娜同志于百忙之中对本书的编写出版工作给予指导、帮助，并为本书撰写序言；本书由刘春杰馆长总策划并选定具体篇目；王冬副馆长、于文生副馆长、闻德锋副书记参与全书的编写和审定工作；于丹、于玲、马良、马杰、王丽娟、王健、王振霞、王艳秋、生枫凯、刘晓华、刘超、吕游、孙桂娟、衣利巍、贠占军、吴向东、张矢、张安、张忠明、张明扬、李忠庆、李威球、李福琴、李蕊、陈扬、胡凤斌、赵明寰、殷晓实、贾书曾、贾立庆、高凯、曹阳、曹颖、温宇、程艳、董晓春、董琳琳等同志参与稿件撰写。全书文稿由编辑研究部负责编辑校对。

由于时间和水平有限，书中错漏之处在所难免，希望各界读者不吝赐教，提出宝贵意见。

编者

2017 年 9 月 8 日